エスター・ヒックス＋ジェリー・ヒックス
菅 靖彦 訳

いつでも

引き寄せの法則

願いをかなえる365の方法

Originally published in 2008 by Hay House Inc., USA
Japanese translation rights arranged with Hay House UK Ltd.
through Owls Agency Inc.

Tune into Hay House broadcasting at: www.hayhouseradio.com

序

ここに、見えない次元の存在であるエイブラハムの教えがぎっしり詰まった本を紹介できることを、大変うれしく思う。皆さんが、本書の助けを借りて、自分にふさわしい喜びに満ちた充実した人生を送るために、自分の願望を実現する方法を習得していただけば幸いである。

本書を日々読み返していれば、人間関係、健康、お金、仕事、そのほかたくさんの人生の事柄が、時空の現実をつかさどっている「宇宙の法則」によって、どのように影響をこうむっているかがわかるようになるだろう。そして、こうすれば人生のフローに乗ることができるという秘訣を、発見するに至るだろう。

さあ、夢を現実にする第一歩を踏み出してもらいたい……今すぐに！

エスター＆ジェリー・ヒックス

1

わたしたちはエイブラハム。見えない次元からあなたがたに話しかけている。この見えない領域では、言葉は使わない。言語を必要としないからだ。わたしたちは語る舌も聞く耳も持っていない。けれども、お互いにうまくコミュニケーションをとっている。見えない世界の言語は波動の言語であり、見えない次元の共同体、家族は、意図によって結ばれている。

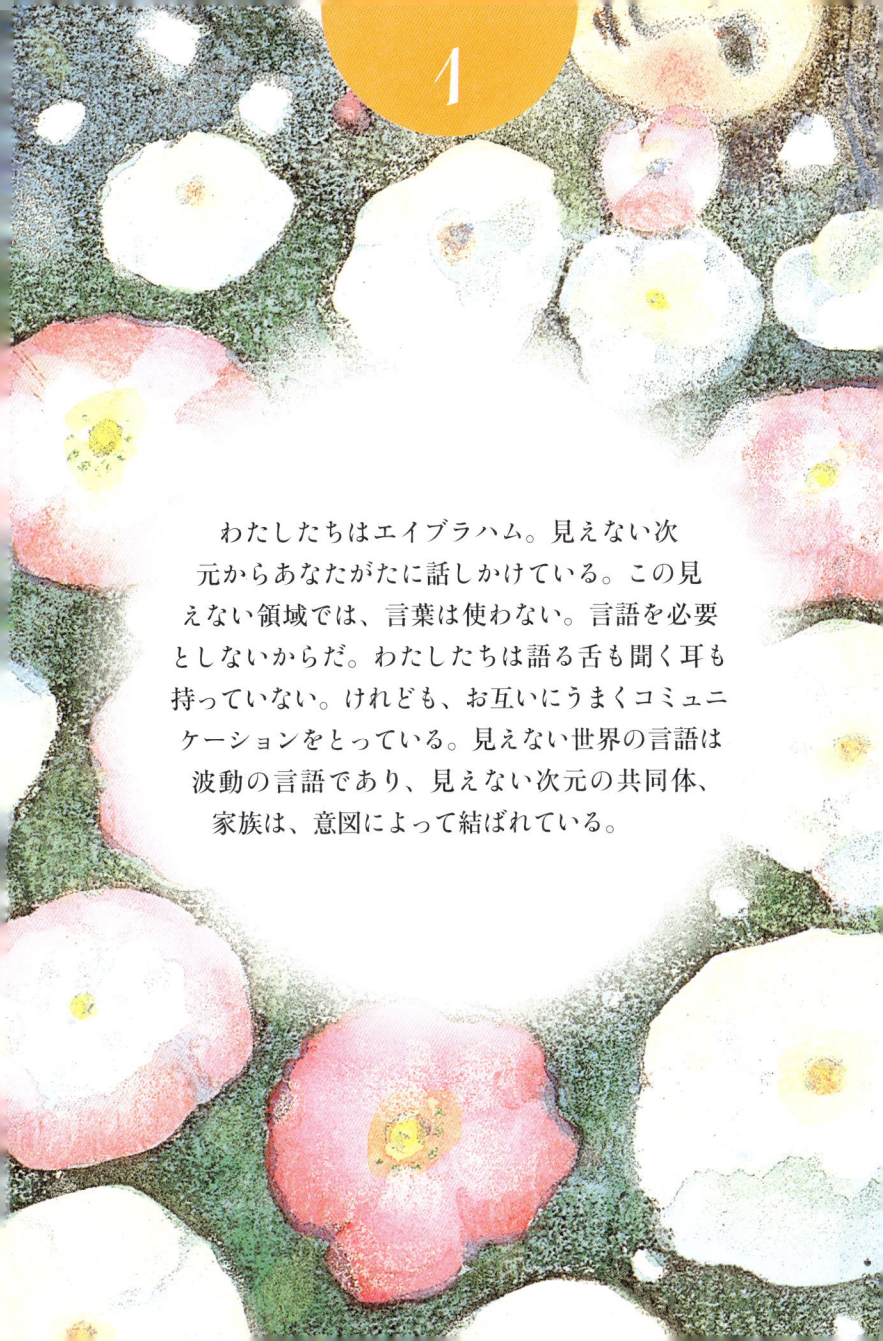

2

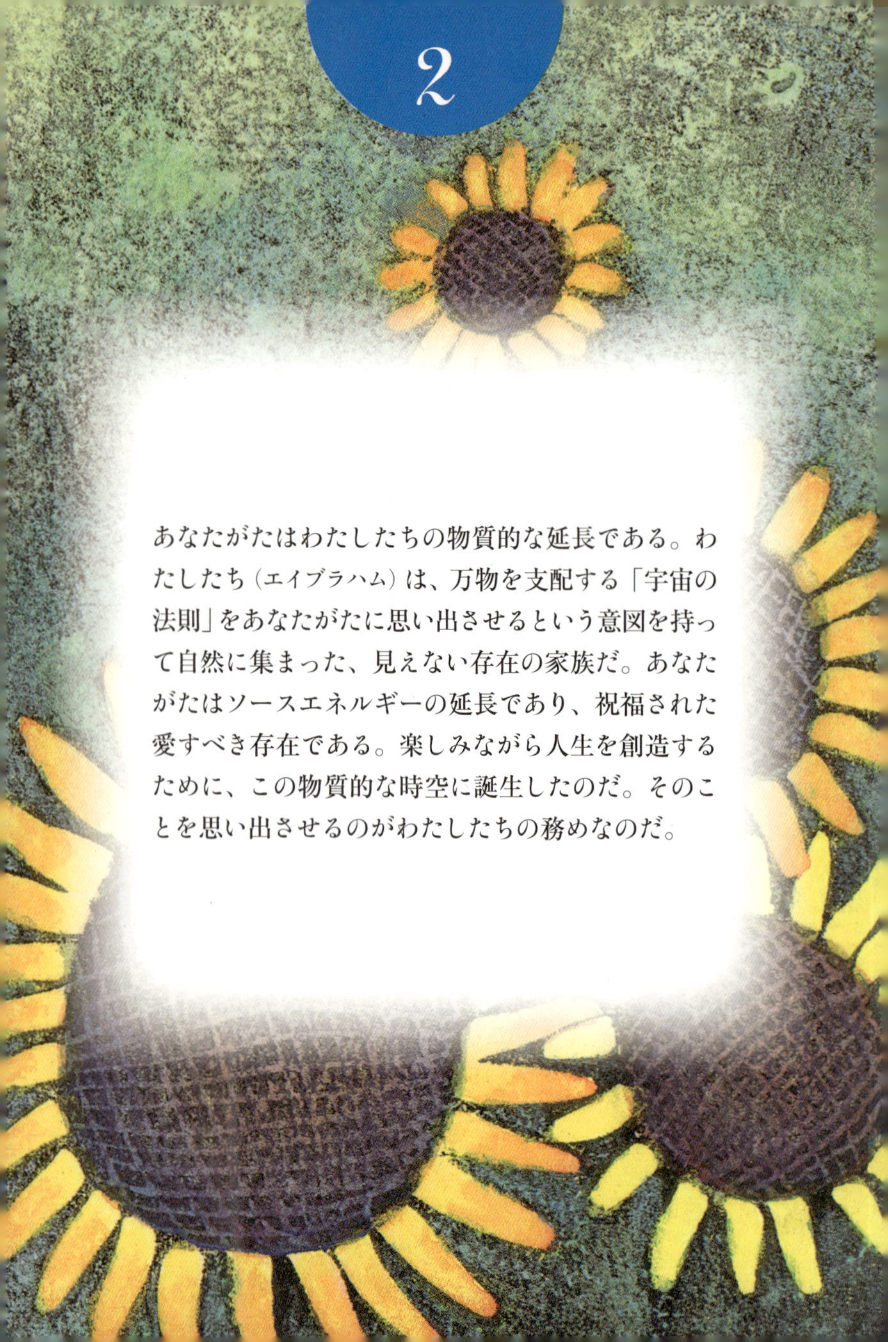

あなたがたはわたしたちの物質的な延長である。わたしたち（エイブラハム）は、万物を支配する「宇宙の法則」をあなたがたに思い出させるという意図を持って自然に集まった、見えない存在の家族だ。あなたがたはソースエネルギーの延長であり、祝福された愛すべき存在である。楽しみながら人生を創造するために、この物質的な時空に誕生したのだ。そのことを思い出させるのがわたしたちの務めなのだ。

3

言葉は何も教えない。あなたの本当の知識は人生経験によってもたらされる。あなたは経験と知識を絶えず収集することになるだろうが、生きる目的はそのことだけにあるのではない。満足と喜びを享受することも大切なのだ。人生とは、真の自分の、絶え間ない表現なのだから。

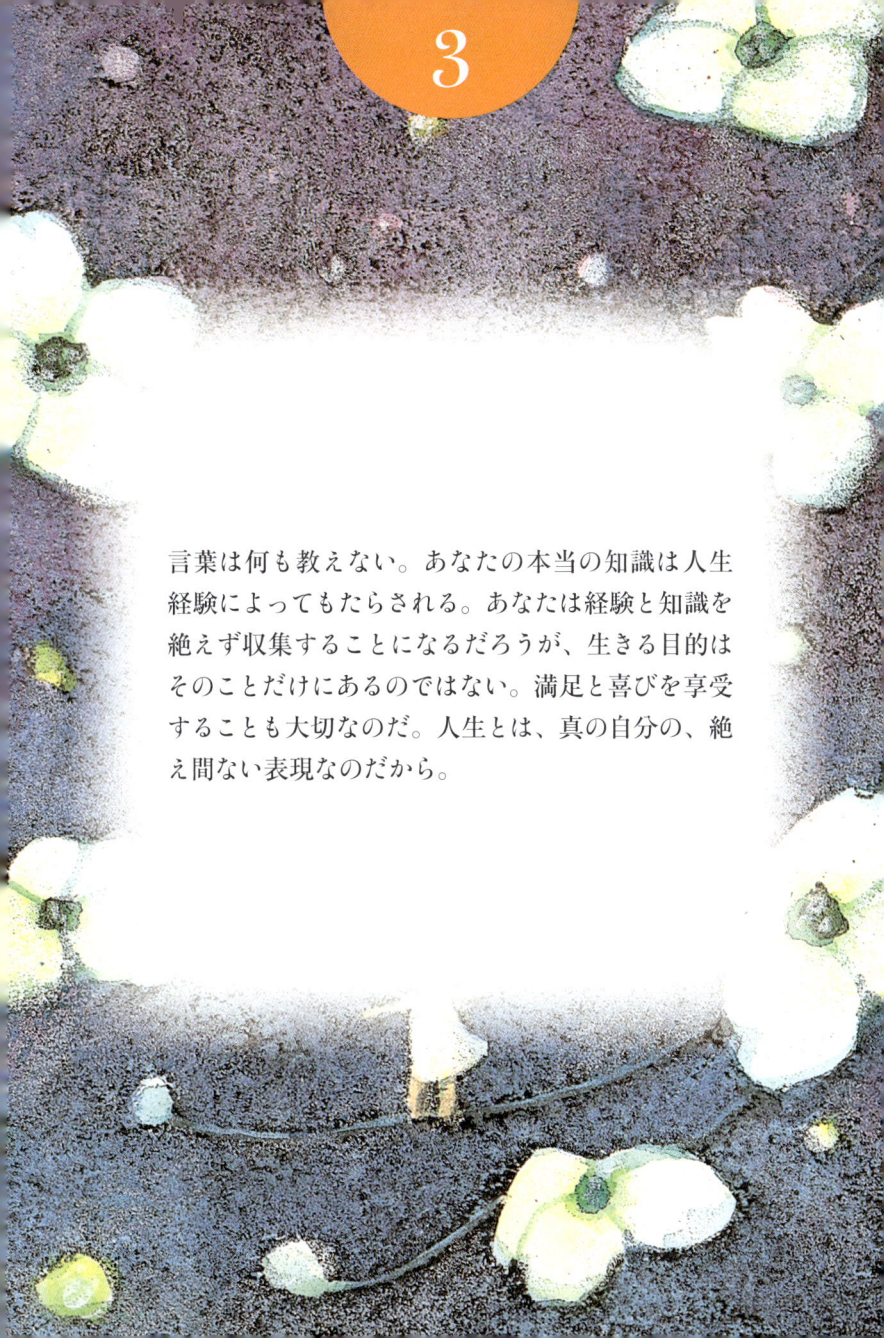

4

わたしたちは同時に多くの意識レベルであなたがたとコミュニケーションしているが、あなたがたは受け取る準備ができたものだけを受け取る。この本から誰もが同じメッセージを受け取るとは限らないが、読むたびに何か新しい発見があるだろう。

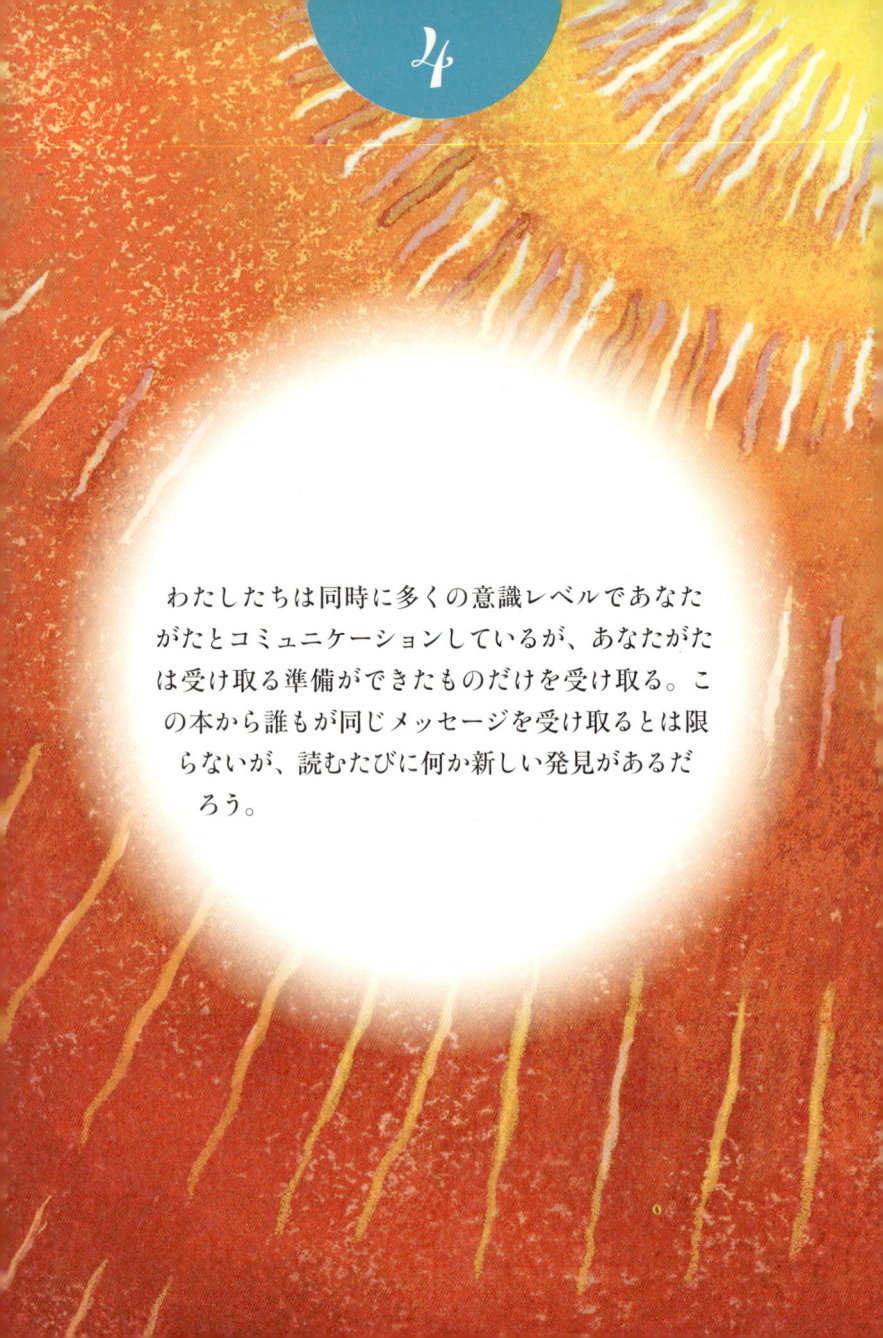

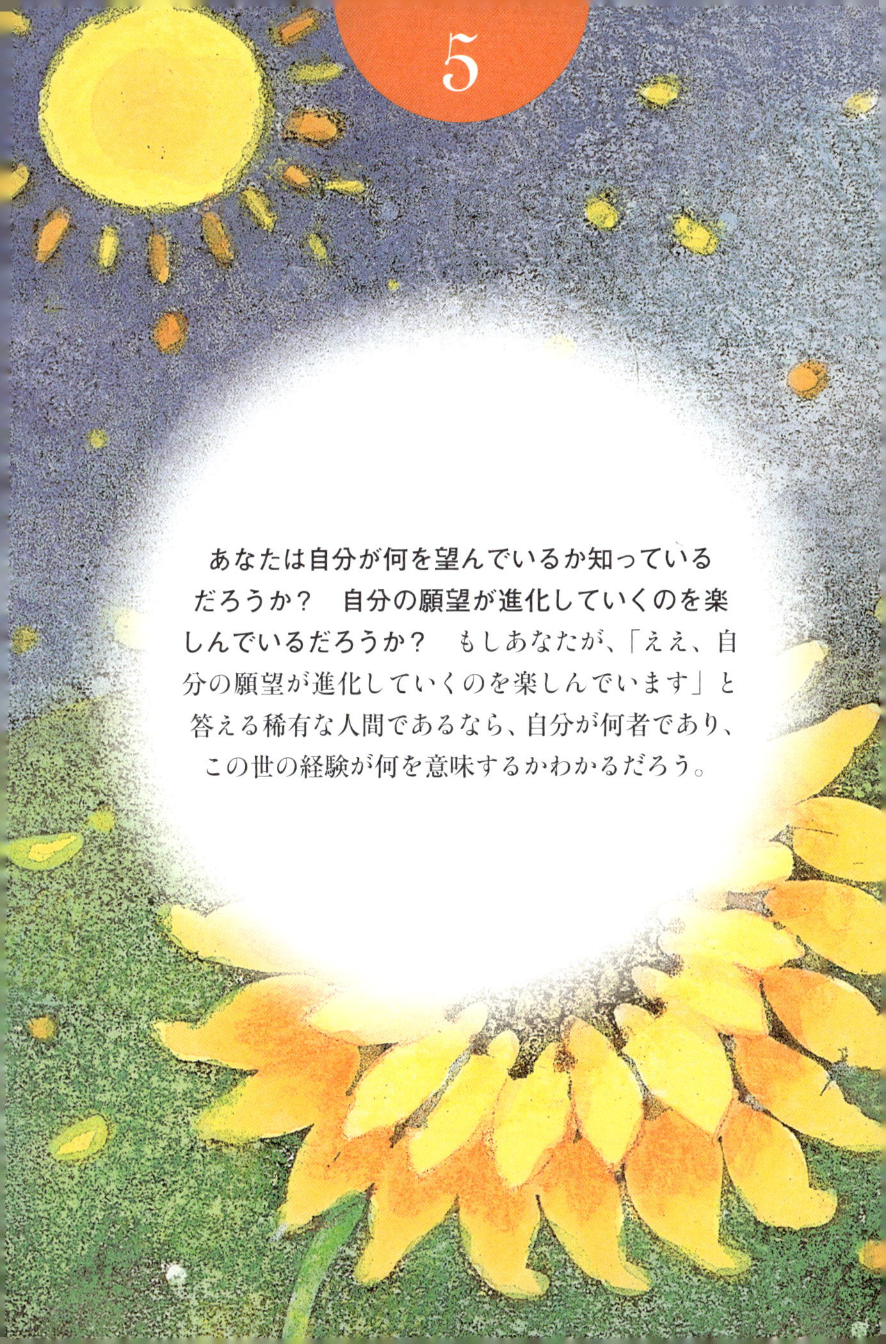

5

あなたは自分が何を望んでいるか知っているだろうか？　自分の願望が進化していくのを楽しんでいるだろうか？　もしあなたが、「ええ、自分の願望が進化していくのを楽しんでいます」と答える稀有な人間であるなら、自分が何者であり、この世の経験が何を意味するかわかるだろう。

6

「ほかの存在がたくさんいる物質的な時空の世界に誕生して、明晰で具体的な視点を持った人間になりたい」とあなたは言った。「わたしは物質的身体に宿り、物質的な時空の世界で生きるのが好きだ。なぜなら、そうした環境のもとでは、わたしの強力なエネルギーを具体的なものに集中させ、力強く前進することができるからだ。そのことによってもたらされる喜びは大きい」とあなたは言ったのだ。

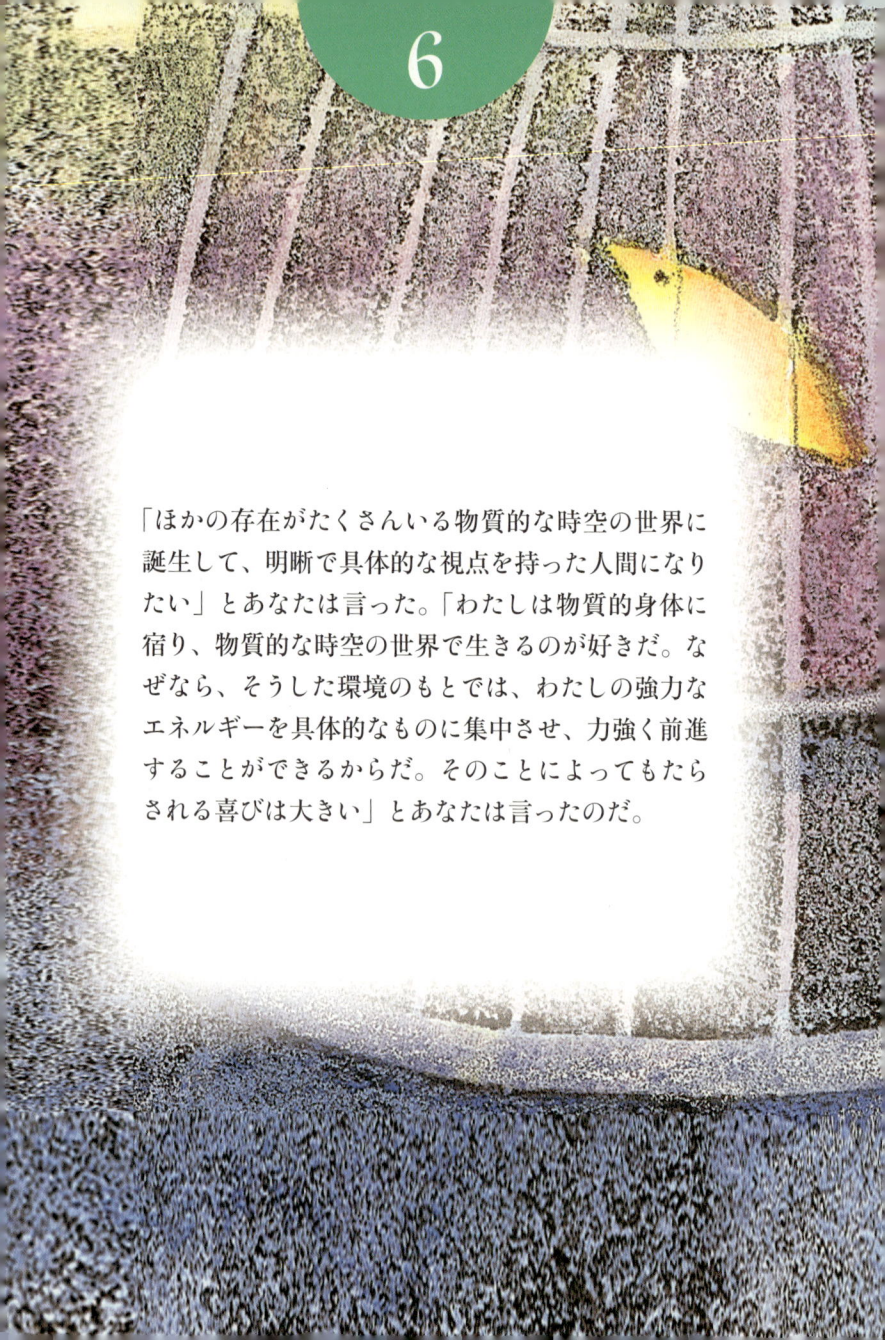

7

あなたがたがなれないもの、できないこと、持てないものなど何もない。わたしたちはあなたがたが願望を達成することに手を貸したい。あなたがたは自分が今いるところが好きではないかもしれない。だが、わたしたちは気に入っている。望みのところに向かうあなたがたの旅が楽しいものになるのを知っているからだ。

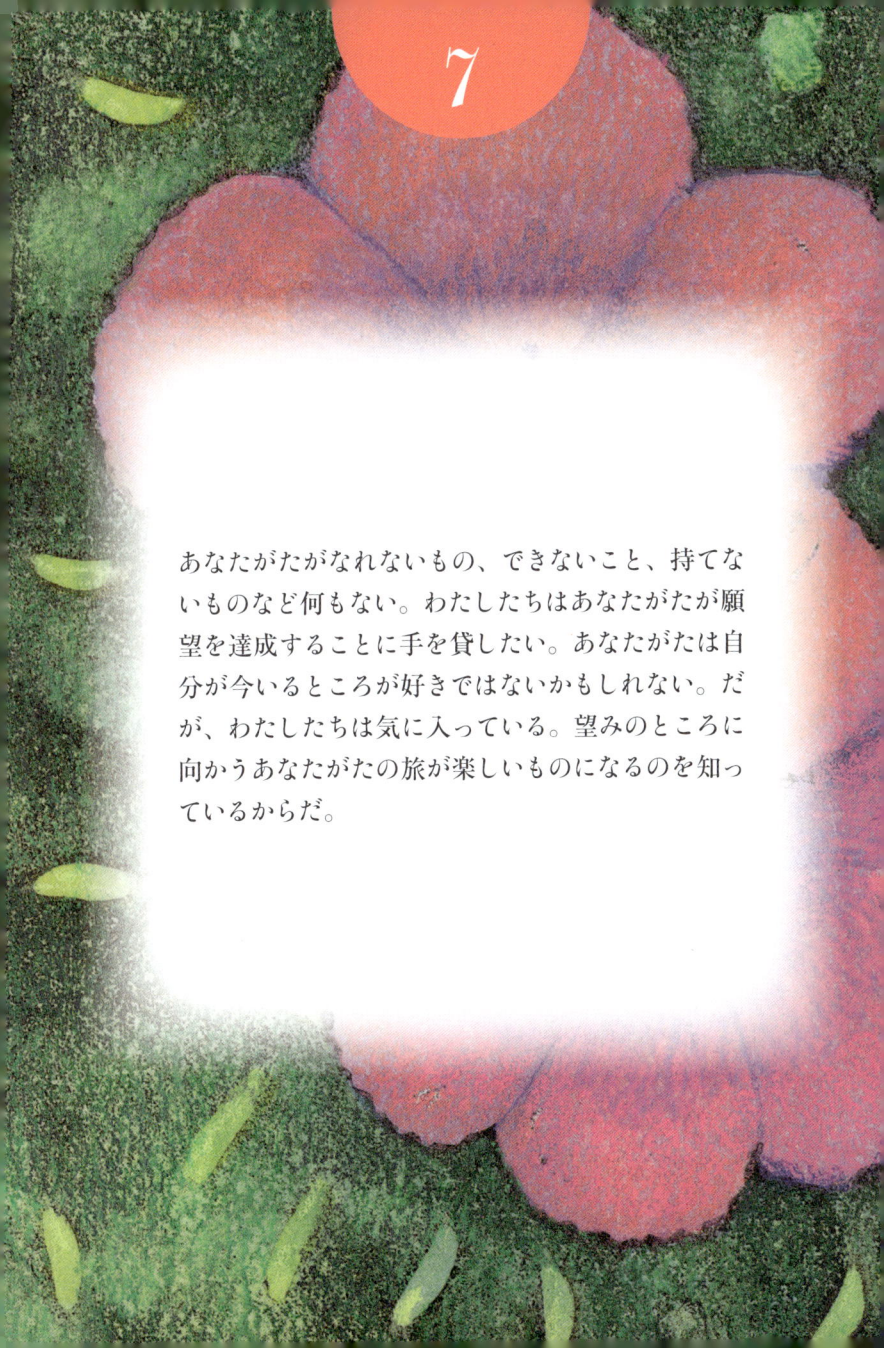

8

あなたは、自分が自分自身の現実を創造するということを生まれながらにして知っていた。それはあなたの基本的な知識なので、誰かがあなたの創造を妨げようとすると、すぐにあなたは自分自身のなかで不協和音を感じる。あなたは自分自身の人生の創造者であり、どんな経験をするかを選ぶ絶対的な選択の自由を持っている。あなたがどんな人生を生きるかは、究極的にあなただけにかかっているのだ。

9

あなたは自由であり、これまでもずっと自由だった。そして、これからもずっと選択の自由を持っている。そのことをあなたが思い出すのを助けるために、エイブラハムの教えは書かれている。他人があなたの現実を生み出すことを許容・可能にすると、満足は得られない。実際、他人があなたの現実を生み出すことなど不可能なのだ。

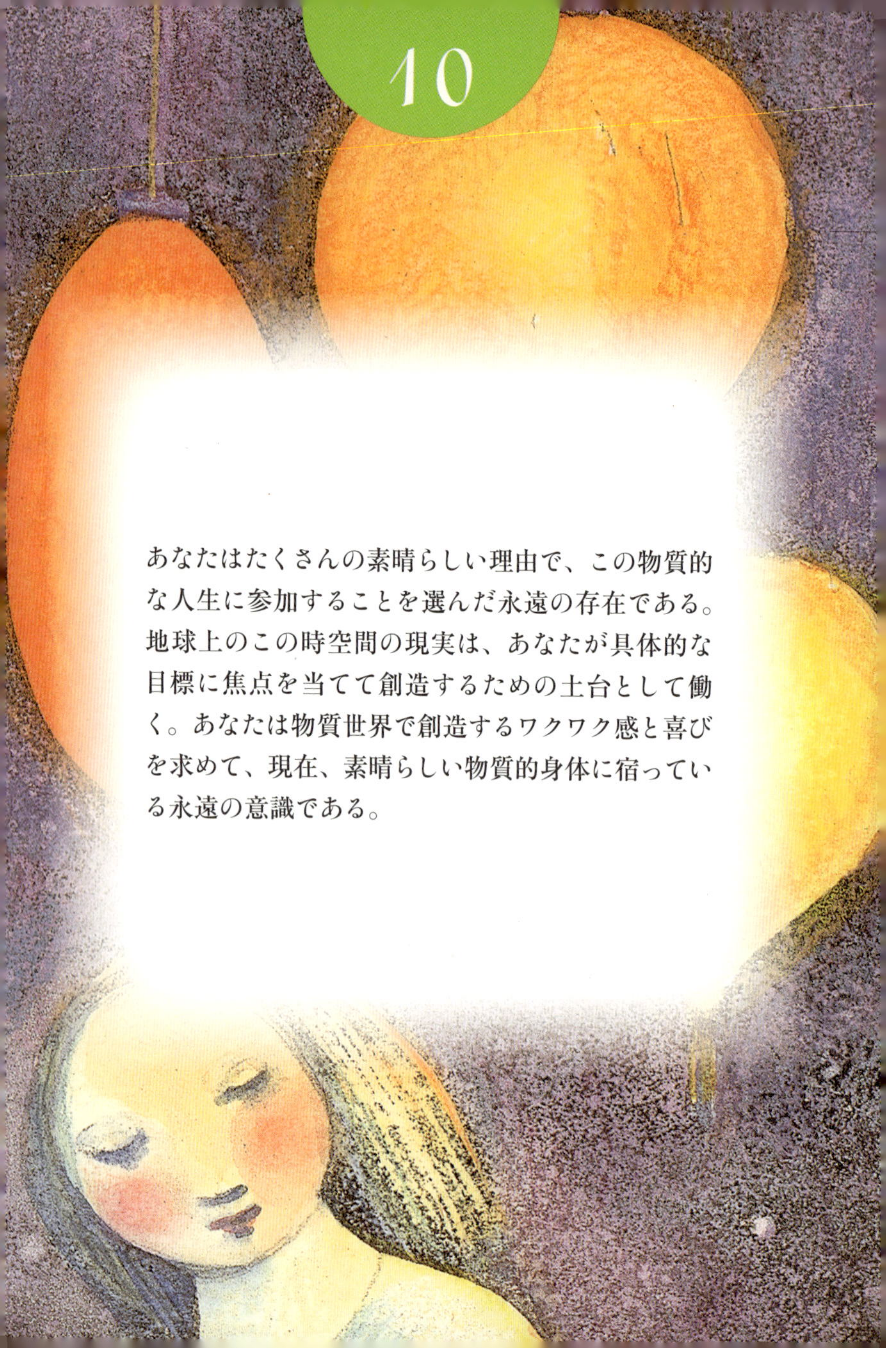

10

あなたはたくさんの素晴らしい理由で、この物質的な人生に参加することを選んだ永遠の存在である。地球上のこの時空間の現実は、あなたが具体的な目標に焦点を当てて創造するための土台として働く。あなたは物質世界で創造するワクワク感と喜びを求めて、現在、素晴らしい物質的身体に宿っている永遠の意識である。

11

あなたは自分の本性が自分のなかに流れ込んでくるのをいつでも許容・可能にする能力を持っている。あなたの源《ソース》である本来の自分とのつながりを「意識的に」許容・可能にすることを学べば、絶対的な喜びを味わえるようになるだろう。そのことをあなたが理解するのを助けるためにエイブラハムの教えは書かれている。あなたは思考の方向を意識的に選ぶことによって、ソースエネルギー、神、喜び、そのほかあなたがいいと思えるすべてのものと絶えずつながっていられるのだ。

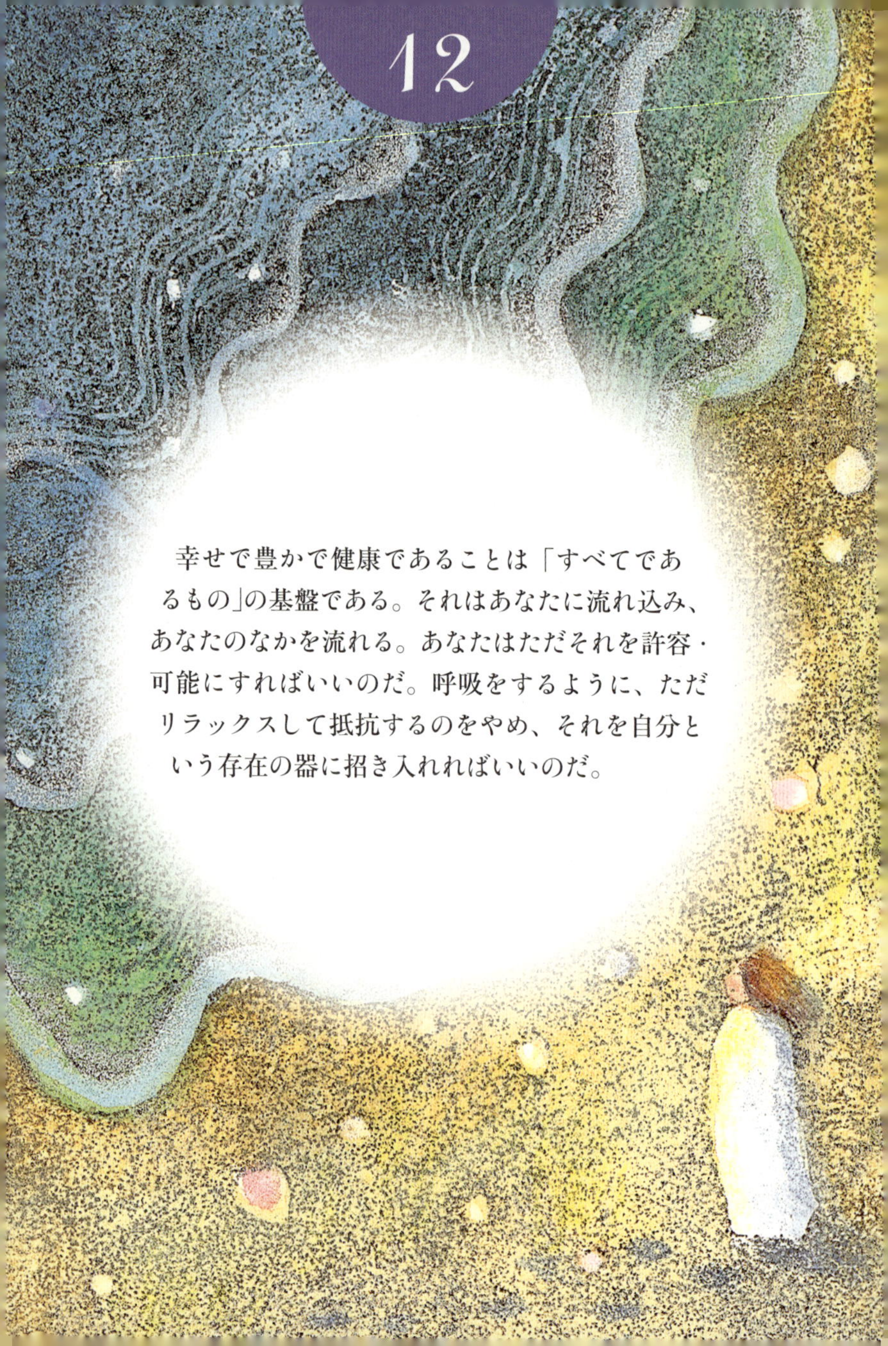

12

幸せで豊かで健康であることは「すべてであるもの」の基盤である。それはあなたに流れ込み、あなたのなかを流れる。あなたはただそれを許容・可能にすればいいのだ。呼吸をするように、ただリラックスして抵抗するのをやめ、それを自分という存在の器に招き入れればいいのだ。

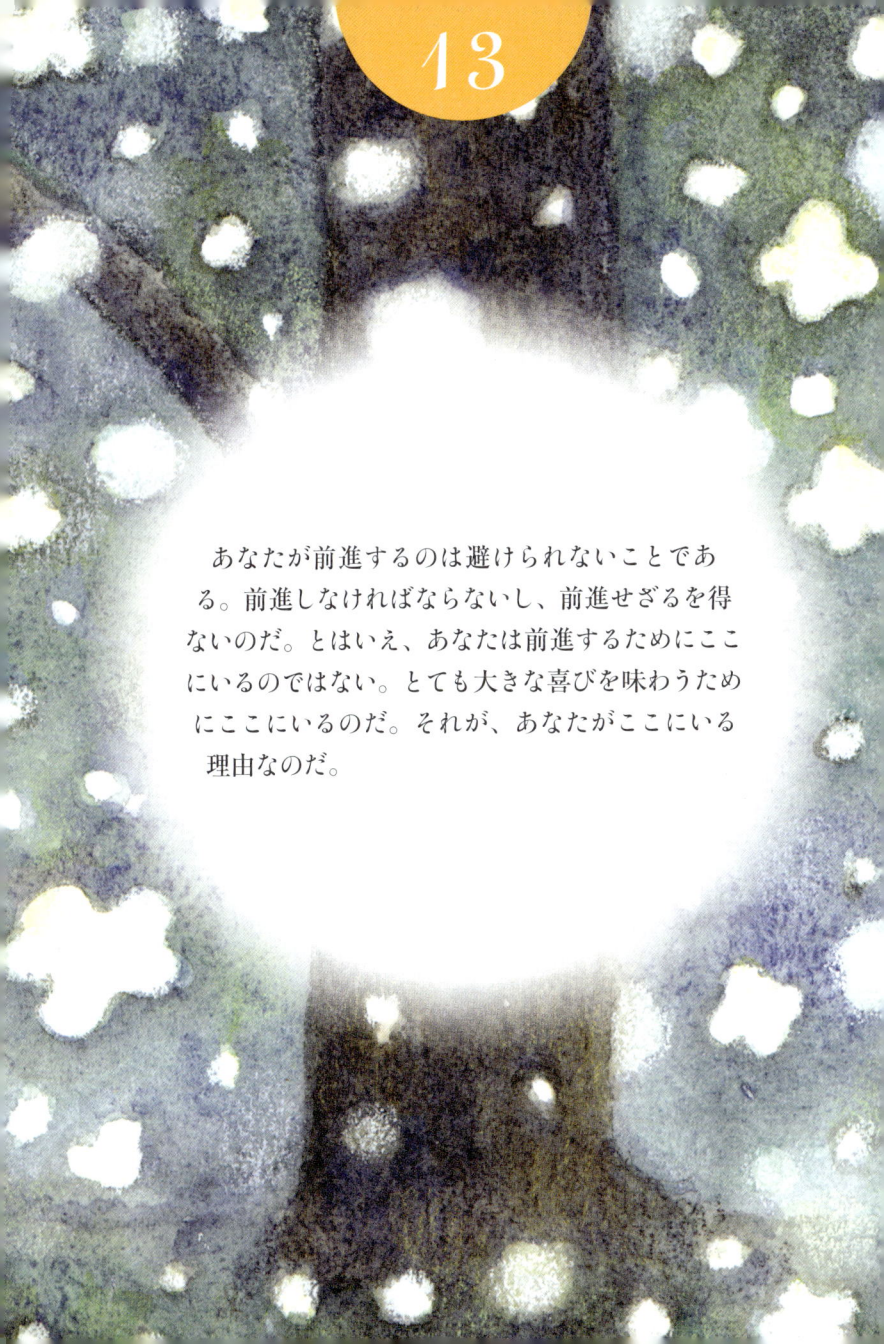

13

あなたが前進するのは避けられないことである。前進しなければならないし、前進せざるを得ないのだ。とはいえ、あなたは前進するためにここにいるのではない。とても大きな喜びを味わうためにここにいるのだ。それが、あなたがここにいる理由なのだ。

14

「どうして自分が欲しいものを得るのにこんなに長くかかるのだろう？」それはあなたが十分に賢くないからでも、価値がないからでもない。あなたが望みのものをいまだ得られない唯一の理由は、望んでいるものの波動に同調しない波動にしがみついているからだ。

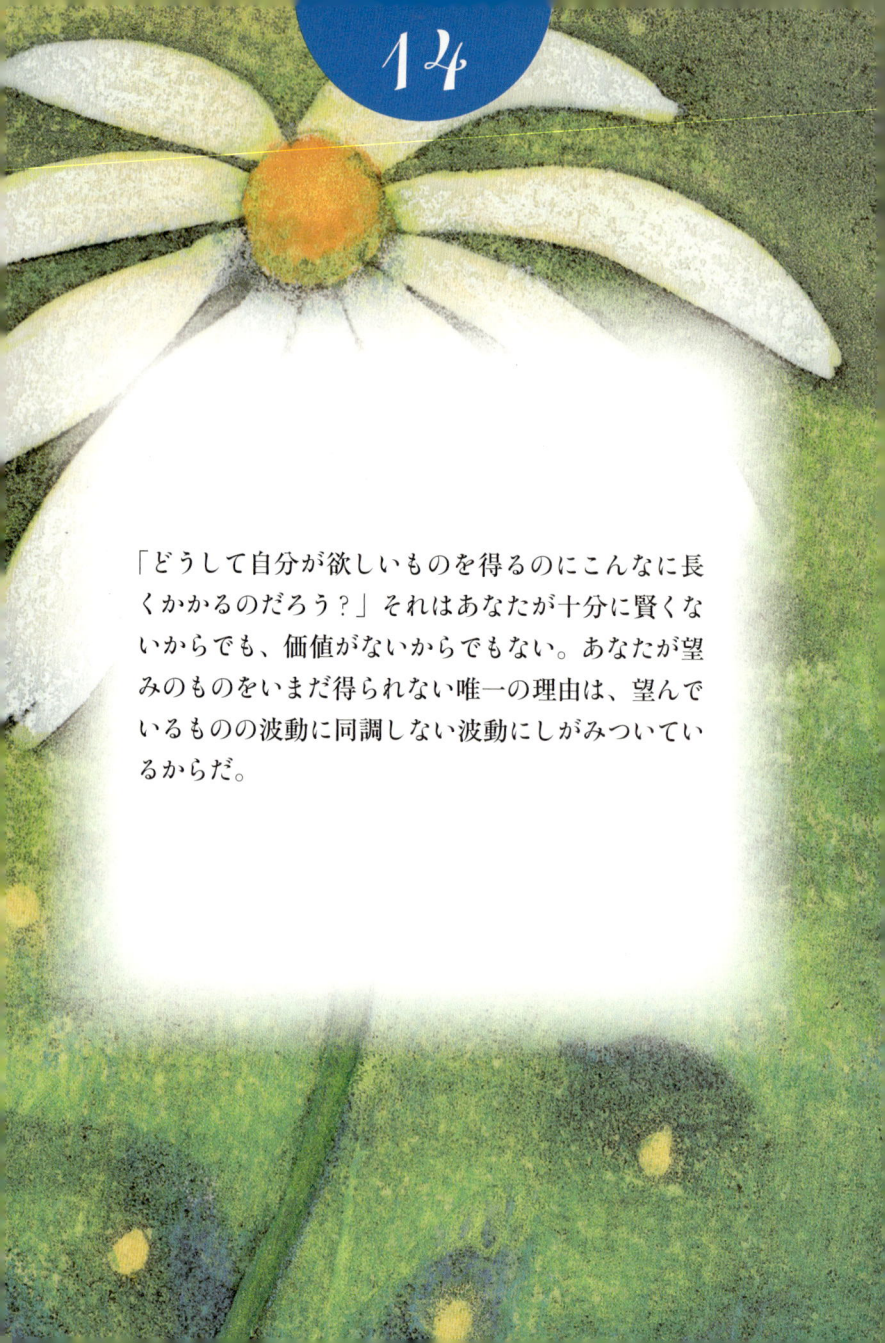

15

許容・可能にするのを妨げている唯一の要因である「抵抗」をゆっくりと徐々に手放しなさい。自分がかたくなに抵抗していることは、緊張、怒り、いら立ちが募ることからわかる。同じように、抵抗を手放しつつあることは、解放感が増していくことによってわかる。

16

幸せがあなたの家の玄関先に並んでいる。あなたがこれまでに望んだことはすべて、口に出して言おうが言うまいが、波動によって伝達されてきた。源《ソース》はそれを聞いて、理解し、応えてきた。今、あなたは、一つずつそれを受け取ることを自分に許容・可能にしつつあるのだ。

17

あなたの身の回りにあるすべてのものは、あなたが源《ソース》とよんでいるものによって、見えない視点から生み出された。集中的な思考の力を通して、源《ソース》があなたやあなたの世界を生み出したように、あなたはこの時空の現実の最先端に立って、自分の世界を生み出し続けている。

あなたと、あなたが源《ソース》とよぶものとは同じである。あなたは源《ソース》から切り離せない。あなたのことを考えるとき、わたしたちは源《ソース》のことを考える。源《ソース》のことを考えるとき、わたしたちはあなたのことを考える。源《ソース》はあなたを切り離すような思考を提示しない。

源《ソース》はいつでもあなたがたに活用されるのを待っている。幸せは絶えずあなたへと流れ込もうとしている。あなたはその幸せを許容・可能にする状態にあることもあるが、ないこともある。**あなたがもっと多くの時間、源《ソース》とのつながりを意識的に許容・可能にするようになるのを助けること、それがわたしたちの望みなのだ。**

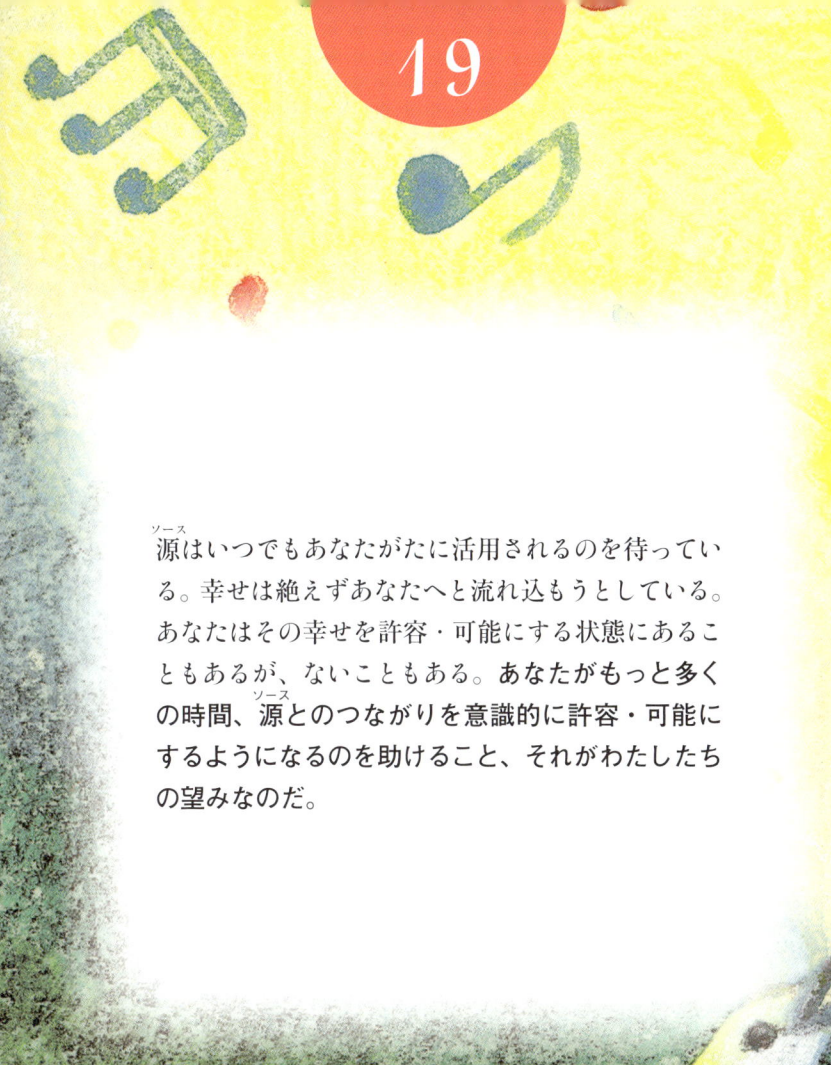

20

見えない世界のエネルギーの延長であるあなたがたは、既存の思考を超える思考を受け取り、コントラスト（対比）を通して、結論や決定を下す。いったん、あなたがたが自分の願望に波動を合わせると、世界を創造する見えない世界のエネルギーがあなたがたを貫いて流れる。すると、あなたがたは興奮、情熱、勝利の喜びを感じる。それがあなたがたの運命なのだ。

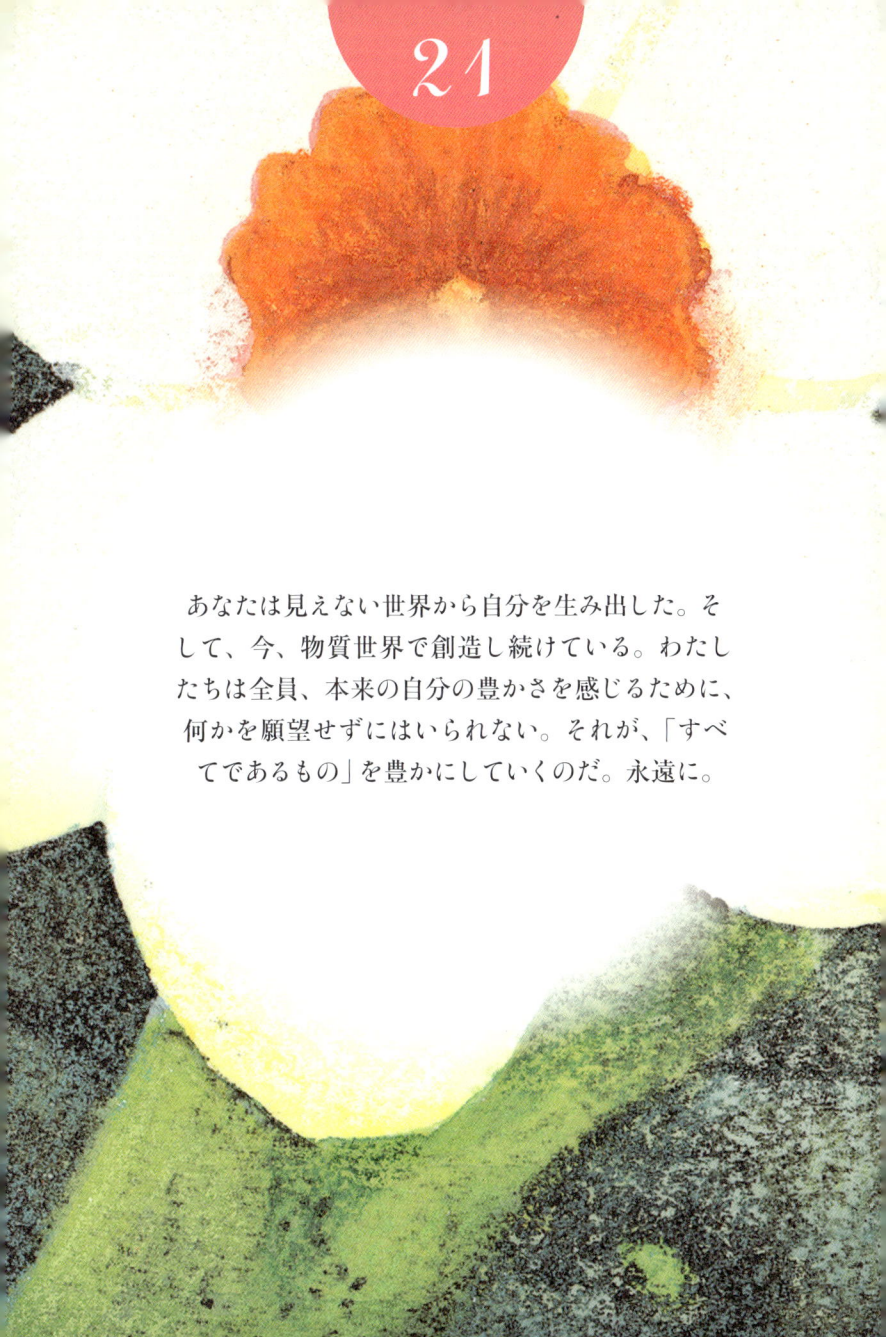

21

あなたは見えない世界から自分を生み出した。そして、今、物質世界で創造し続けている。わたしたちは全員、本来の自分の豊かさを感じるために、何かを願望せずにはいられない。それが、「すべてであるもの」を豊かにしていくのだ。永遠に。

22

“好み”の価値を見くびってはならない。あなたがたが住む惑星の進化は、願望にチューニングを合わせ続ける思考の最先端にいる人々にかかっているからだ。コントラストや多様性が、個人的な好みを生み出す完璧な環境を提供する。

23

あなたがコントラストのなかにいると、波動の信号という形で、あなたから絶えず新しい願望が放射される。それを源《ソース》が受け止め、返答する……その瞬間、宇宙は拡大する。この本に書かれているのは、求めているもののすべてを受け取る波動の場所に身を置くにはどうすればいいか、という教えなのだ。

24

あなたは自分自身の現実を生み出している。他人が生み出しているのではない。たとえ、自分で気づいていなくても、あなたは自分の現実を生み出しているのだ。それゆえ、しばしばあなたは惰性で創造する。**自分自身の思考を意識的に自覚し、それらを意図的に提示しているとき、あなたは自分自身の現実の意図的な創造者である。それが、身体に宿る決心をしたときにあなたが意図したことなのだ。**

25

あなたの願望や信念は思考である。「求めよ、さらば与えられん」なのだ。あなたは注意、欲求、願望を通して求める。それが「求める」ということだ。何かが起こることを願うにしろ、起こらないことを願うにしろ、あなたは求めているのだ。

26

言葉を用いる必要はない。ただ存在全体で感じればいいのだ。「わたしはこれが欲しい」「わたしはこれが大好きだ」「わたしはこれに感謝する」と。そのような願望があらゆる引き寄せの始まりである。発展や創造に飽きるということは決してない。新しい願望のアイデアは尽きることがないからだ。あなたが何かを経験したい、所有したい、知りたいと思えば、それが実現され、そのことがまた新しい欲求を生むきっかけとなる。

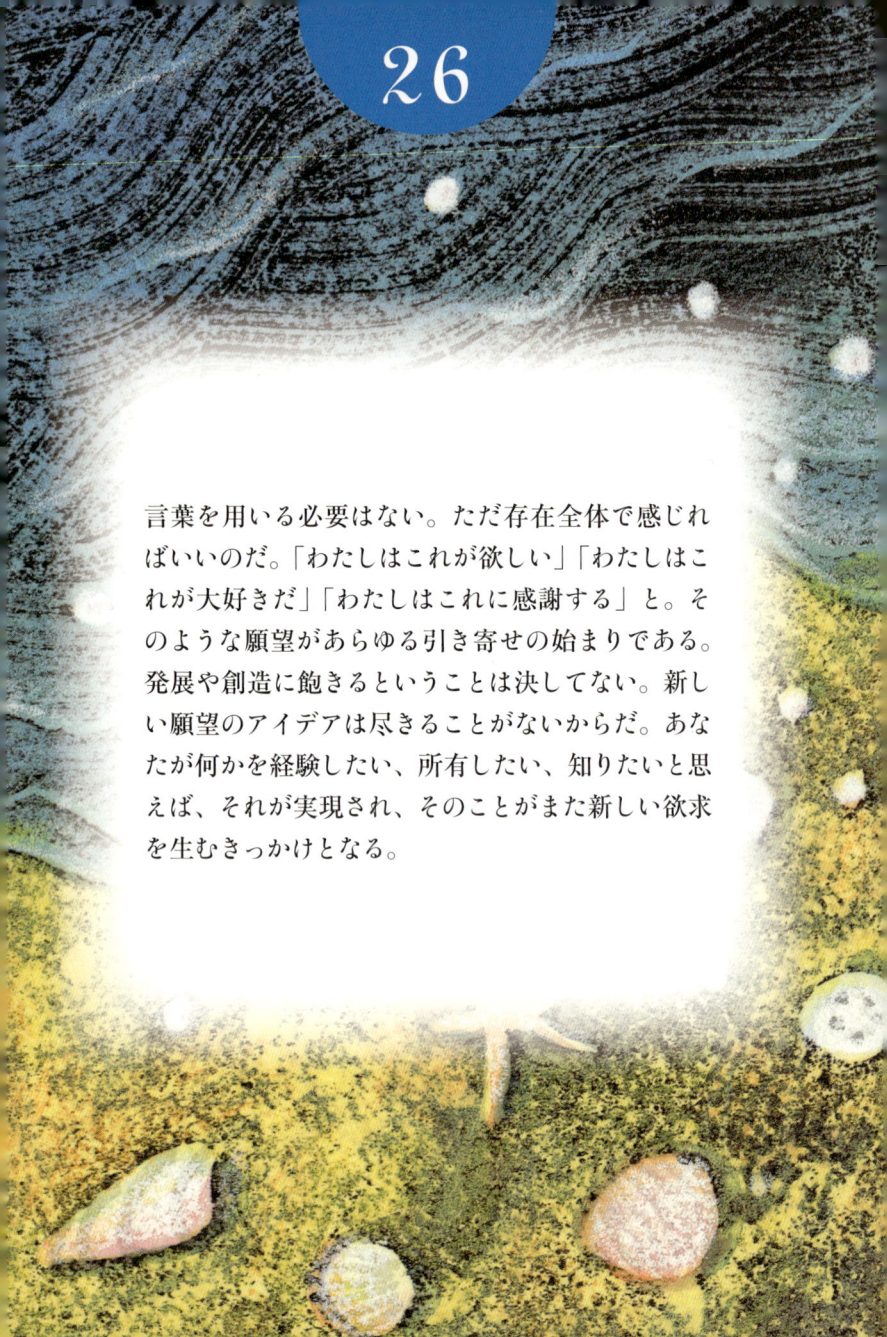

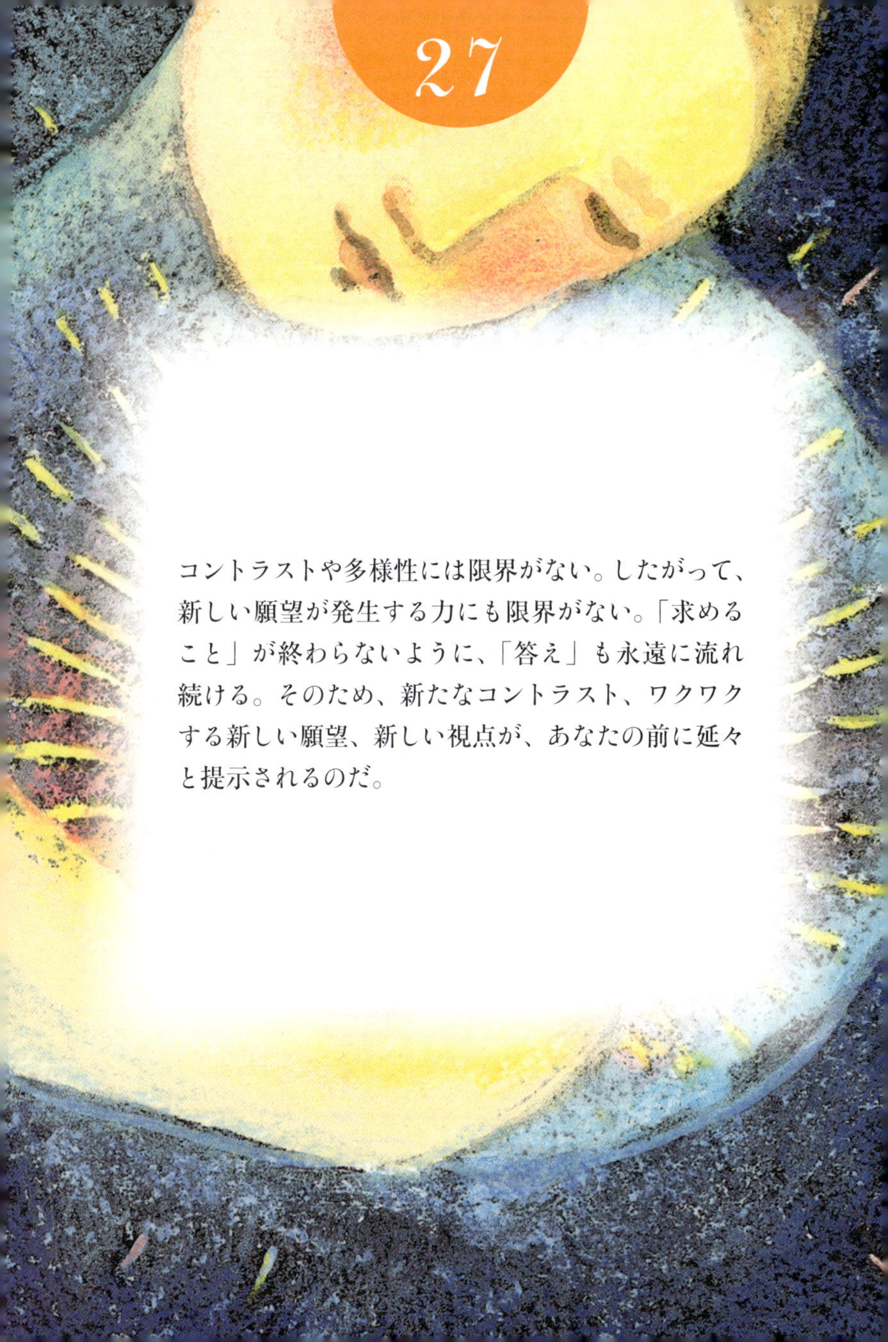

27

コントラストや多様性には限界がない。したがって、新しい願望が発生する力にも限界がない。「求めること」が終わらないように、「答え」も永遠に流れ続ける。そのため、新たなコントラスト、ワクワクする新しい願望、新しい視点が、あなたの前に延々と提示されるのだ。

28

あなたは決して存在することをやめない。あなたのなかでは、新しい願望が絶え間なく生じる。源《ソース》はあなたの願望に応えることをやめない。よって、あなたの発展は永遠のものである。そう思えば、あなたが望むことでまだ実現していないことがあるとしても、この瞬間にリラックスできるだろう。

29

あなたが今の自分や自分が持っているものに満足しながら、さらに多くを求める人間になるのが、わたしたちの望みだ。それが最高に見晴らしのきく地点である。創造の最先端に立ち、より多くを望み、楽観的な期待を持つ。それを受け取るのを妨げる焦り、疑い、不信感を持たない。それが最高の「意図的創造の方法論」だ。

30

万物を貫いて流れるエネルギーがある。それは宇宙、「すべてであるもの」の至るところに存在する。それは宇宙の基盤である。世界のこの基盤を理解し、万物の基盤であるこのソースエネルギーを自覚的に感じ始めれば、自分自身の経験や周囲の人々の経験のすべてを曇りなく理解できるようになるだろう。

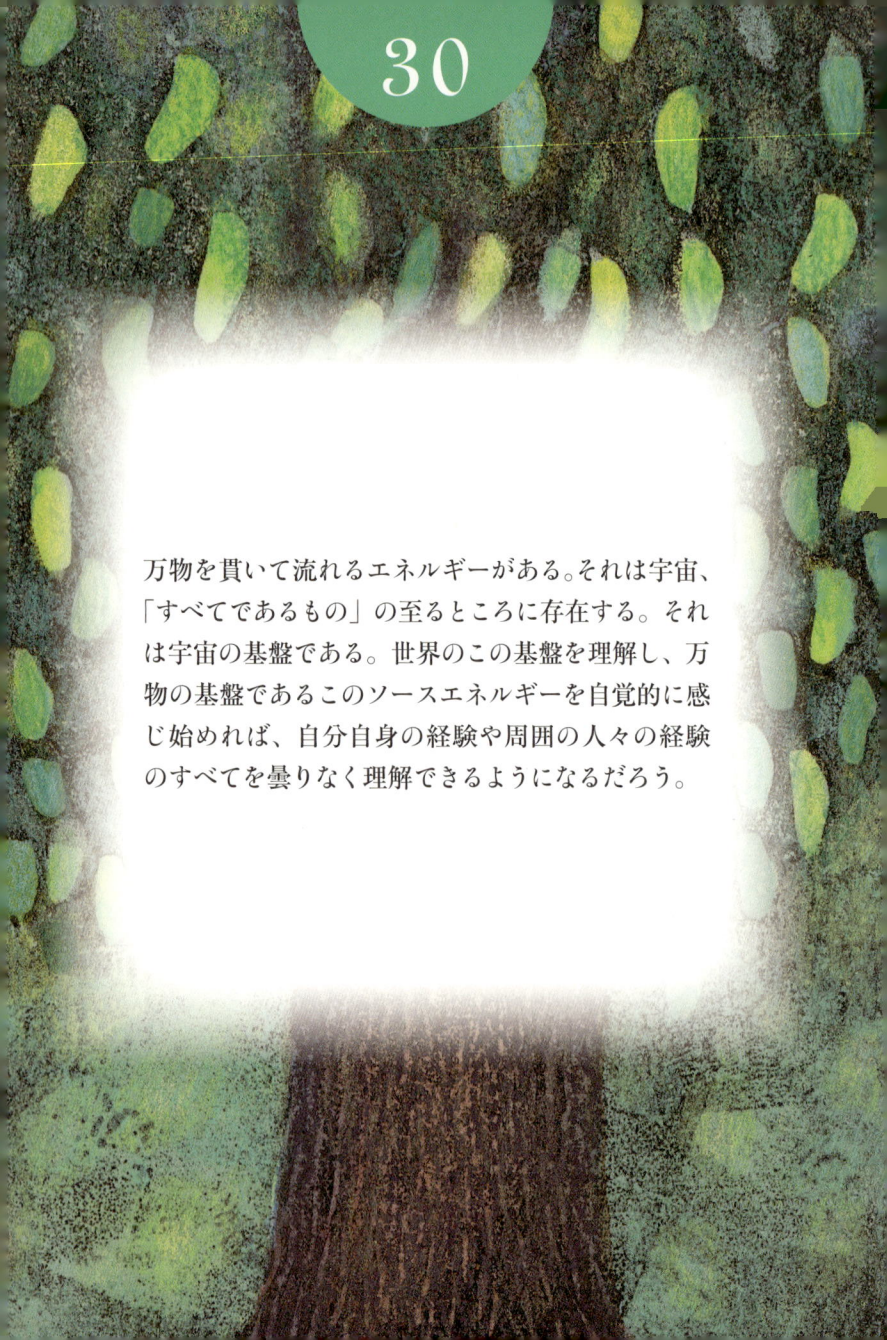

34

数学の基礎を学べば、それらを適用した結果をうまく理解することができる。それと同じように、常に一貫しているあなたの世界を理解する公式をいったん手に入れれば、常に同じ結果が得られるだろう。

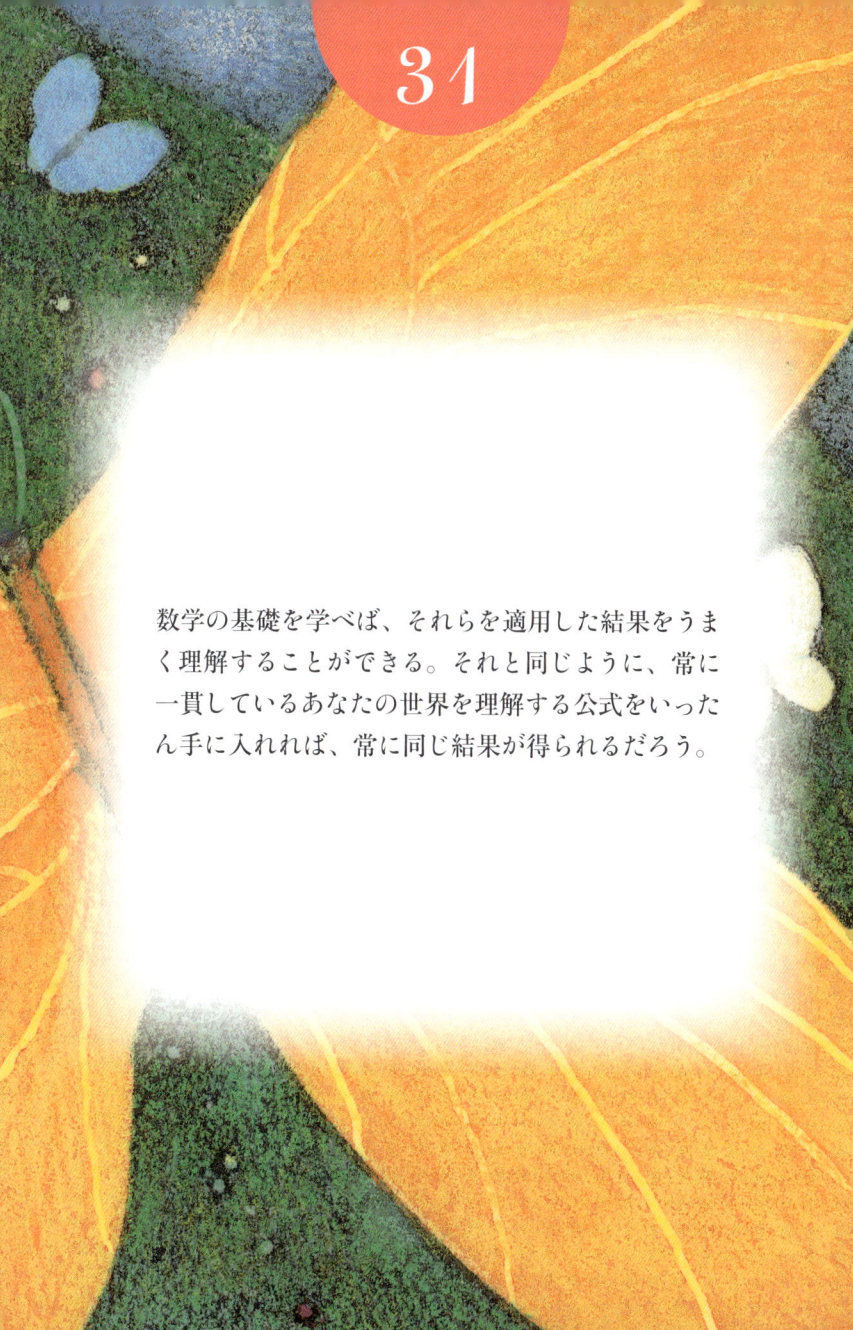

32

あなたを構成する肉体、血、骨といったものも、突き詰めれば「波動」である。あなたが物理的環境のなかで経験するすべてのものが振動している。あなたは波動を翻訳する能力を通してのみ、物質世界を理解することができる。

33

あなたの目や耳——さらには鼻、舌、指先でさえ——は、波動を翻訳している。だが、最も洗練された波動の解釈装置はあなたの感情である。あなたは感情の信号に注意を払うことによって、これまでの人生や、今、生きている人生のすべてを、正確に理解することができる。

34

感じ方に注意を払えば、あなたはここに存在している理由をかなえることができる。そして、あなたが意図した楽しいやり方で、意図的な拡大を続けることができる。あなたは本当の自分との感情的なつながりを理解することによって、自分自身の世界のなかで、何がどういう理由で起こっているかを理解できるだけではなく、自分と交流するほかのすべての存在を理解するようになる。

35

すべての思考は波動を持つ。信号を外側に放射し、それ自身に見合った信号を引き寄せる。このプロセスをわたしたちは「引き寄せの法則」とよぶ。「引き寄せの法則」とは、「それ自身に似たものを引き寄せる」という法則だ。

強力な「引き寄せの法則」は、共振し合うすべての思考を共演させる一種の宇宙マネージャーと見なすことができる。ラジオでの選局を例にとれば、この原理が簡単に理解できる。ラジオのチューナーを98.6FMに合わせて、101FMで放送されている音楽を聴くことはできない。音楽がどうしても聴きたければ、101FMに合わせなければならないのだ。

37

あなたが何かに注意を向けると、あなたは波動を送り出す。あなたが提示する波動はあなたの願望に等しく、あなたの波動が引き寄せの作用点となるのだ。

現在、持っていないもので欲しいものがあるなら、それに注意を向けるだけでよい。そうすれば、「引き寄せの法則」によって、それはあなたのところにやってくるだろう。けれども、「それを持っていない」という現在の状態に注意を向けるなら、「引き寄せの法則」は「それを持っていない」という波動に反応し続けるだろう。その結果、欲しいものがあなたのもとにない状態が続くことになるだろう。それが法則だ。

39

あなたの思考の波動が願望の波動と一致すれば、あなたはいい気分になる――満足感、期待、熱意、喜びなどを感じるだろう。だが、欲しいものが欠落していることに注意を向けていれば、悲観、心配、落胆、怒り、不安、憂うつを感じるだろう。あなたの感情は素晴らしいナビゲーションシステムを提供する。それらに注意を払えば、自分自身を望むもののほうへと導いていくことができる。

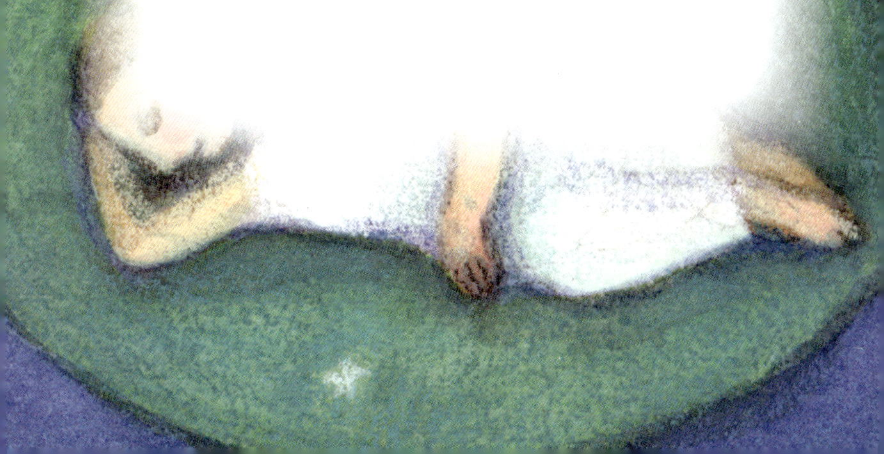

40

あなたは強力な宇宙の「引き寄せの法則」によって、自分が主として考えているものの本質を自分自身に引き寄せる。したがって、自分が欲するものについて主に考えていれば、あなたの人生はそれらのものを反映する。同様に、欲していないことについて考えてばかりいれば、あなたの人生はそれらのものを反映する。

41

考えるということは、未来の出来事を計画するのに似ている。感謝しているときも、心配しているときも、あなたは計画を立てている（心配とは想像力を使って、自分が欲していないものを生み出すことだ）。

あらゆる思考、あらゆる観念、あらゆる存在、あらゆるものが波動を持っている。だから、たとえ少しの間でも、何かに注意を集中すれば、あなたという存在の波動が、注意を向けるものの波動を反映し始める。あなたがそれについて考えれば考えるほど、あなたはそれに似た波動を出すようになる。それに似た波動を出せば出すほど、それに似たものがさらにあなたへと引き寄せられてくる。そうした引き寄せの傾向は、異なる波動が提供されるまで続き、エスカレートしていく。そして、その波動に同調するものをあなたのほうに引き寄せる。

43

「引き寄せの法則」を理解すれば、自分の人生に起こるどんなことにも驚かなくなる。自分自身の思考のプロセスを通して、一切を自分が招き寄せたことを理解するからだ。思考を通して招き寄せないかぎり、何事もあなたの人生には起こらない。

伴侶に感謝することと、違う人と結婚すれば
よかったと考えることとの間には、極めて大きな
波動の違いがある。伴侶との関係は、例外なく、
あなたの優勢な思考を映し出す。あなたは意識的
ではなかったかもしれないが、文字どおり、関係
が生まれることを考えたのだ。

45

もしあなたが頻繁に隣人の幸運に
妬みを感じているなら、自分の財政状況
を改善したいという願望はかなえられない。
願望と嫉妬の波動が異なるからだ。波動の性質
を理解すれば、簡単にしかも意図的に自分自身の
現実を創造することが可能となる。そのうちに熟
練すれば、自分の抱くすべての願望が簡単に実現
できることをあなたは発見するだろう。あなた
になれないもの、できないこと、持てない
ものなど、何もないからだ。

あなたは意識である。エネルギーである。波動である。電気である。ソースエネルギーである。創造者である。あなたは思考の最先端にいる。**最初は奇妙に思えるかもしれないが、自分自身を波動の存在として受け入れると助けになるだろう。というのも、あなたは波動に基づく宇宙に生きており、この宇宙をつかさどる法則は波動を基盤にしているからだ。**

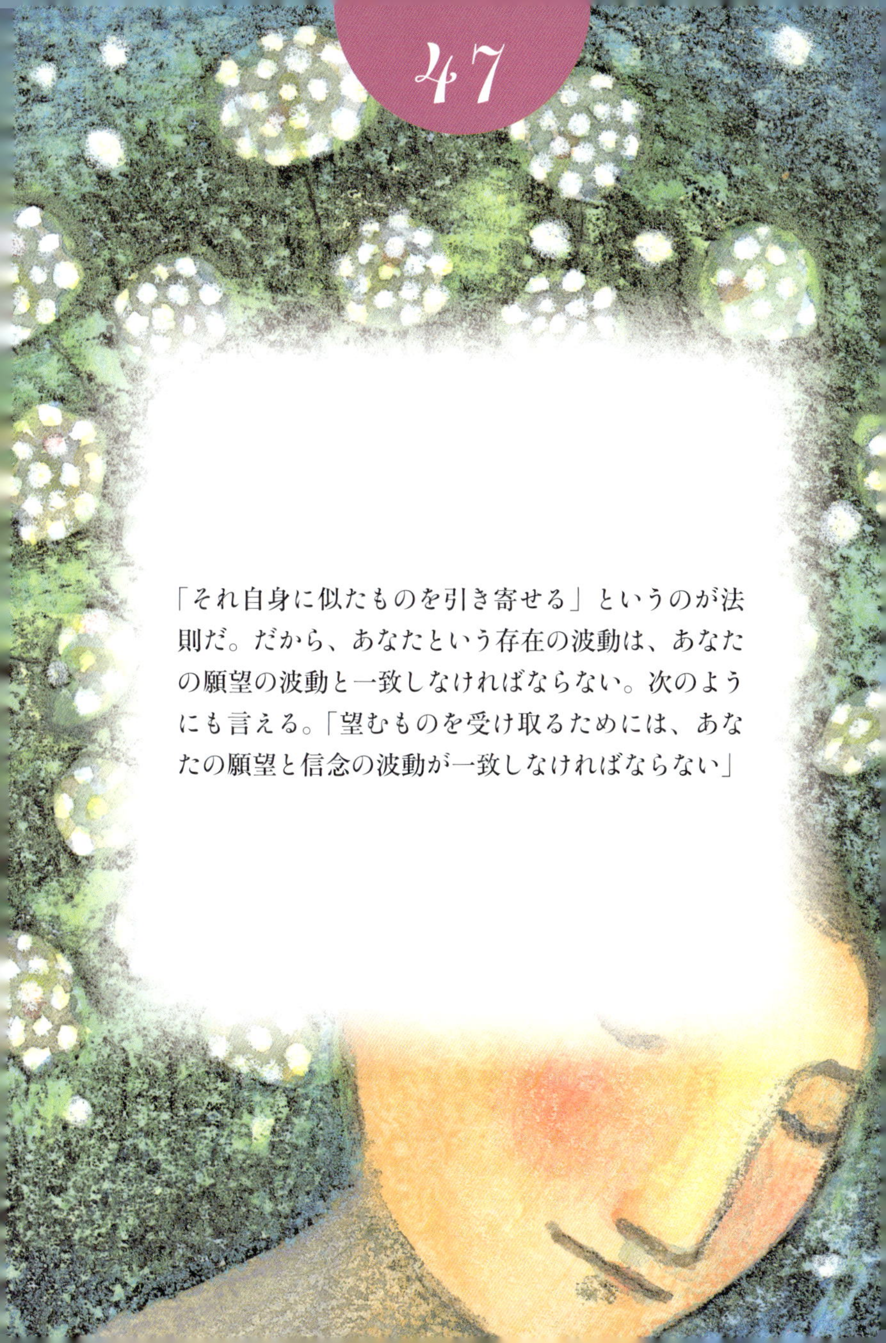

「それ自身に似たものを引き寄せる」というのが法則だ。だから、あなたという存在の波動は、あなたの願望の波動と一致しなければならない。次のようにも言える。「望むものを受け取るためには、あなたの願望と信念の波動が一致しなければならない」

48

どんな原因であなた独自の視点が生み出されたにせよ、それは生まれたのだ。あなたは存在し、考え、知覚し、求め――返答を受けている。「すべてであるもの」はあなたという存在や、あなたの視点から利益を得ている。

49

わたしたちはここに述べられているようなプロセスを「許容・可能にする術」とよぶ。それは幸福があなたを通して流れ続けることを許容・可能にする術である。幸福はあなたの自然な状態なのだ。

物質的身体に宿った瞬間から今までの経験のすべてが寄り集まって、今のあなたを作っている。同じように、「すべてであるもの」によってこれまで経験されてきたことのすべてが、地球上での物質的人生において、現在、経験されていることのすべてに結実している。

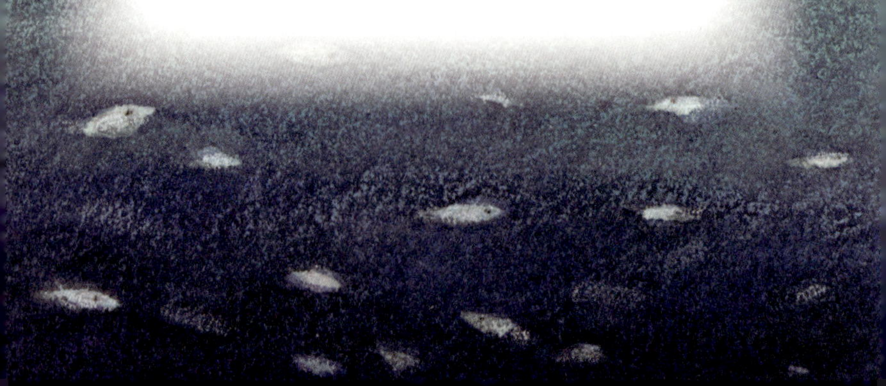

時空間に存在するあなたのなかに真摯な願望が生まれるなら、宇宙はあなたが求めるものを供給する手段を持っている。たとえあなたが理解していなくても、幸せの川は流れている。だが、意識的にその流れに乗ることができるようになれば、あなたの創造的な努力ははるかに報いの多いものになる。達成できない願望など絶対にないことを発見するからだ。

この永遠に発展する環境から恩恵を受けるために、その複雑さを何から何まで理解する必要はない。だが、あなたの前に伸びる幸福の流れに乗る方法を見いだす必要はある。わたしたちは次のような言葉を捧げたい。「流れているのは幸福の川だけである。それを許容するも、拒絶するもあなたの自由だが、あなたとは関係なくそれは流れ続けるのだ」

53

あなたは明るく照らされた部屋に入って、「暗闇のスイッチ」を探すようなことはしないだろう。光の明るさを覆い尽くす真っ暗闇を部屋中に氾濫させるスイッチを見つけたいなどとは思わないだろう。代わりに、光を遮断するスイッチを探すだろう。というのも、光がなくなれば、暗闇が訪れるからだ。同じように、「悪」の源《ソース》など存在しない。病気の源《ソース》など存在しないが、自然な健康への抵抗があり得るのと同様に、あなたが善だと信じるものへの抵抗はあり得る。

54

まず要求しなければ、なんの回答も得られない。あなたがたと同時代の人々は、先行世代の人々の経験から大きな利益を得ている。彼らのした体験や、彼らのなかに生み出された願望を通して、要求が始まったからだ。今日、あなたがたは、過去の世代の人たちが求めたものの収穫を刈り取る最先端に立っている。と同時に、あなたがたもまた求め続けている。今も、これから先も求め続けるのだ。

55

一部に、強烈な困難やトラウマを味わっている人たちがいる。そういう人たちは現在の境遇から抜け出したいがために強い要求を持っている。彼らの要求の激しさに応じて、源《ソース》は反応している。そうした要求をしている人たちは、普通、トラウマに深くとらわれているため、自分が求めたことの利益を個人的に受け取れない。けれども、未来の世代――今、否定していない現在の世代も――は、そうした要求の利益を受け取ることになるだろう。

56

次のことを理解してもらいたい。「いつでも限りない幸せの流れがあり、あなたが手に入れられるあらゆる種類のものがふんだんにある。しかし、あなたはそれらのものを受け取ることに同調しなければならない。それらに抵抗しながら、受け取ることはできないのだ」

57

現在の自分自身を強力な幸せの流れの受益者と見なしなさい。自分はこの強力な流れの恩恵に浴していると想像するのだ。自分自身をこの限りない流れの最前線の受益者と見なす努力をし、笑いながら、自分にその価値があることを受け入れてもらいたい。

58

あなたが幸せの遺産を受け入れるかどうかに責任を負っているのは、あなた（とあなたの感じ方）だけである。周囲の人たちも多少は影響を及ぼすかもしれない。だが、最終的には、すべてあなたにかかっている。あなたは水門を開けて、幸せの流れを招き入れることもできるし、それを遠ざけておく思考を選ぶこともできる。ただ、あなたがそれを許容・可能にしようがしまいが、その流れは絶えずあなたに向かって流れてくる。それは終わることも、疲れることもなく、常にそこにあり、あなたの再考を促しているのだ。

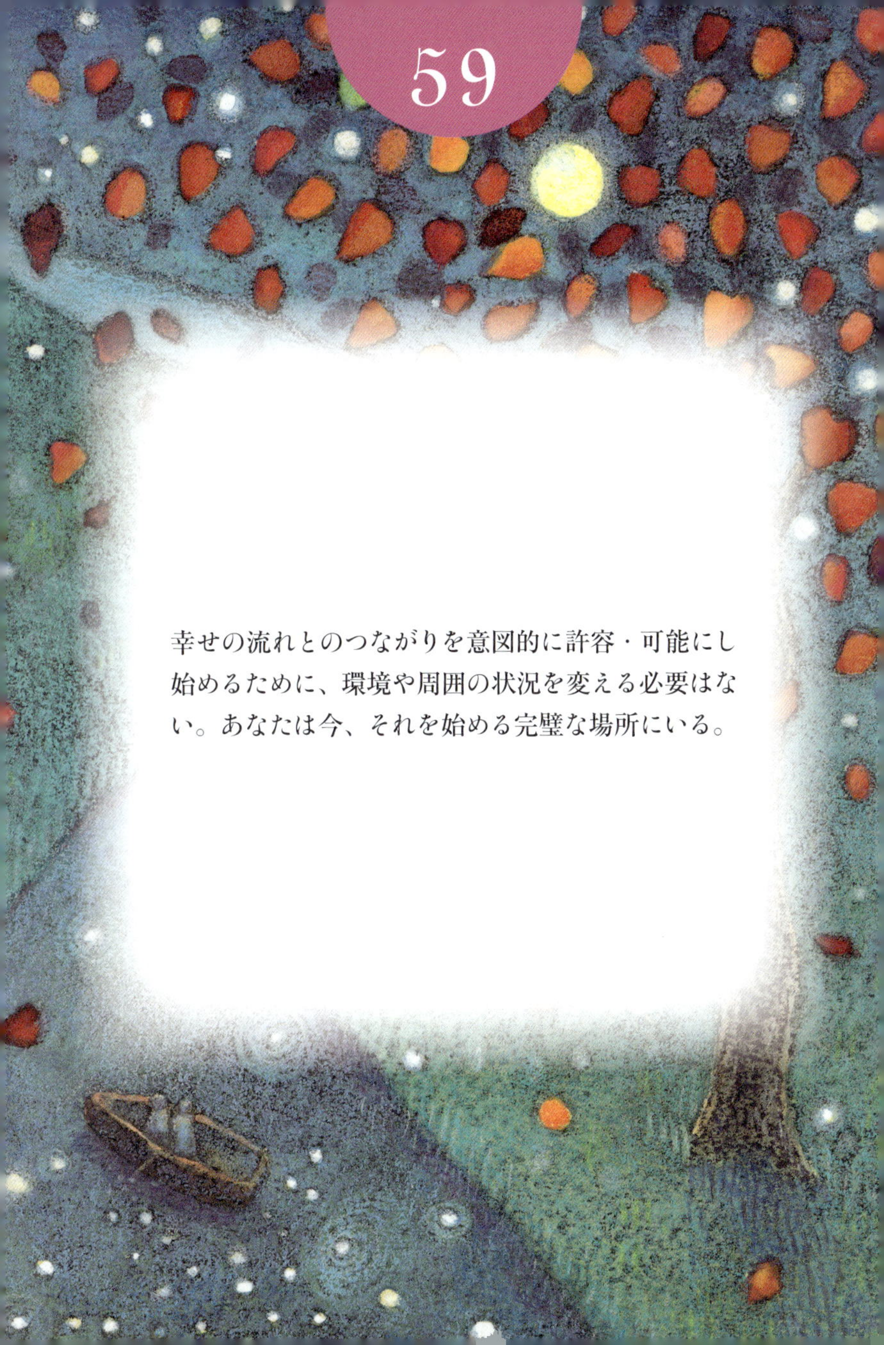

59

幸せの流れとのつながりを意図的に許容・可能にし始めるために、環境や周囲の状況を変える必要はない。あなたは今、それを始める完璧な場所にいる。

60

一瞬一瞬、あなたは極めて特殊な波動信号を発信している。それは即座に理解され、回答されている。そして、あなたの現在や未来の環境は、あなたが放射する信号に反応して、即、変わり始める。今、全宇宙があなたの提供するものによって影響を受けつつあるのだ。

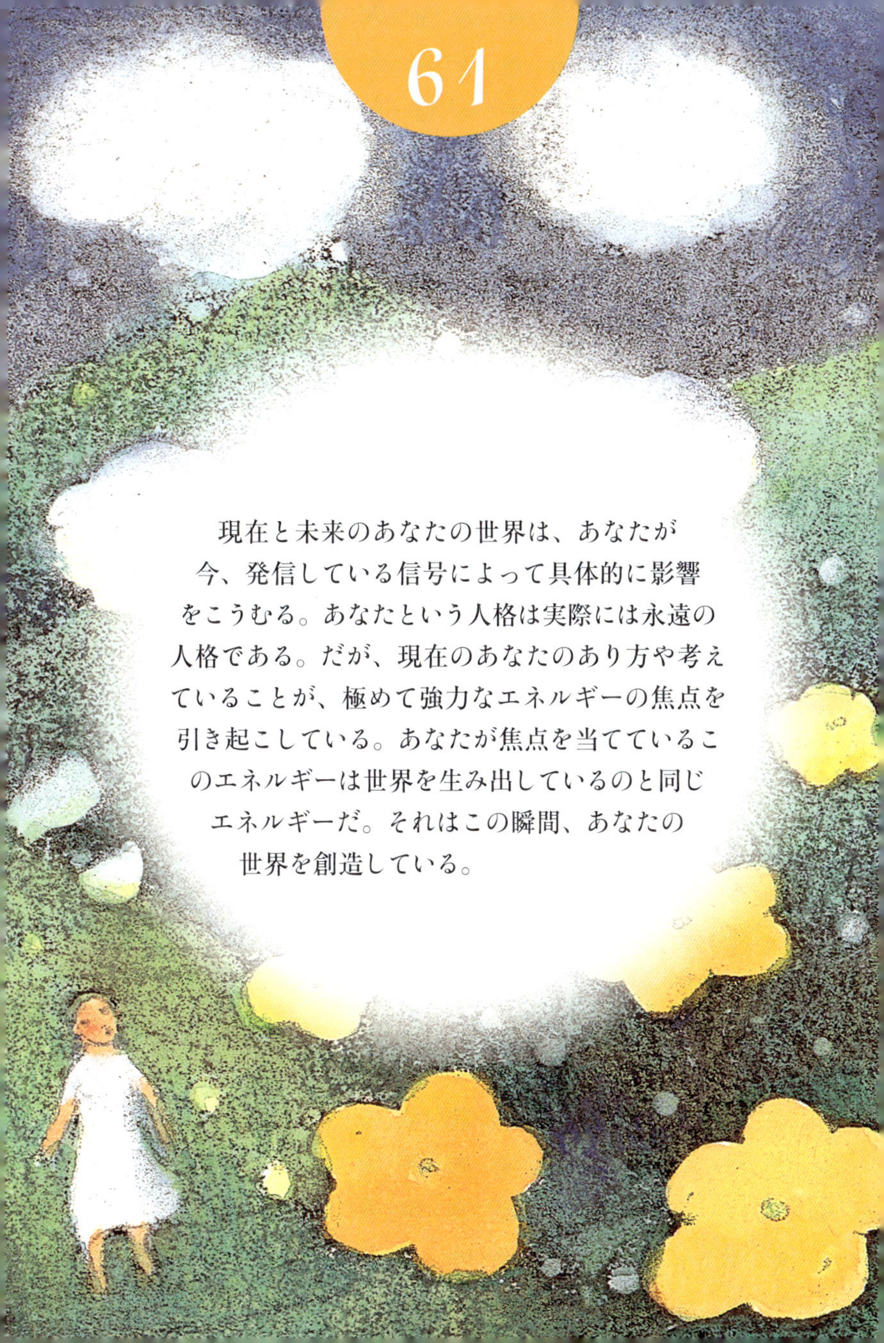

64

現在と未来のあなたの世界は、あなたが今、発信している信号によって具体的に影響をこうむる。あなたという人格は実際には永遠の人格である。だが、現在のあなたのあり方や考えていることが、極めて強力なエネルギーの焦点を引き起こしている。あなたが焦点を当てているこのエネルギーは世界を生み出しているのと同じエネルギーだ。それはこの瞬間、あなたの世界を創造している。

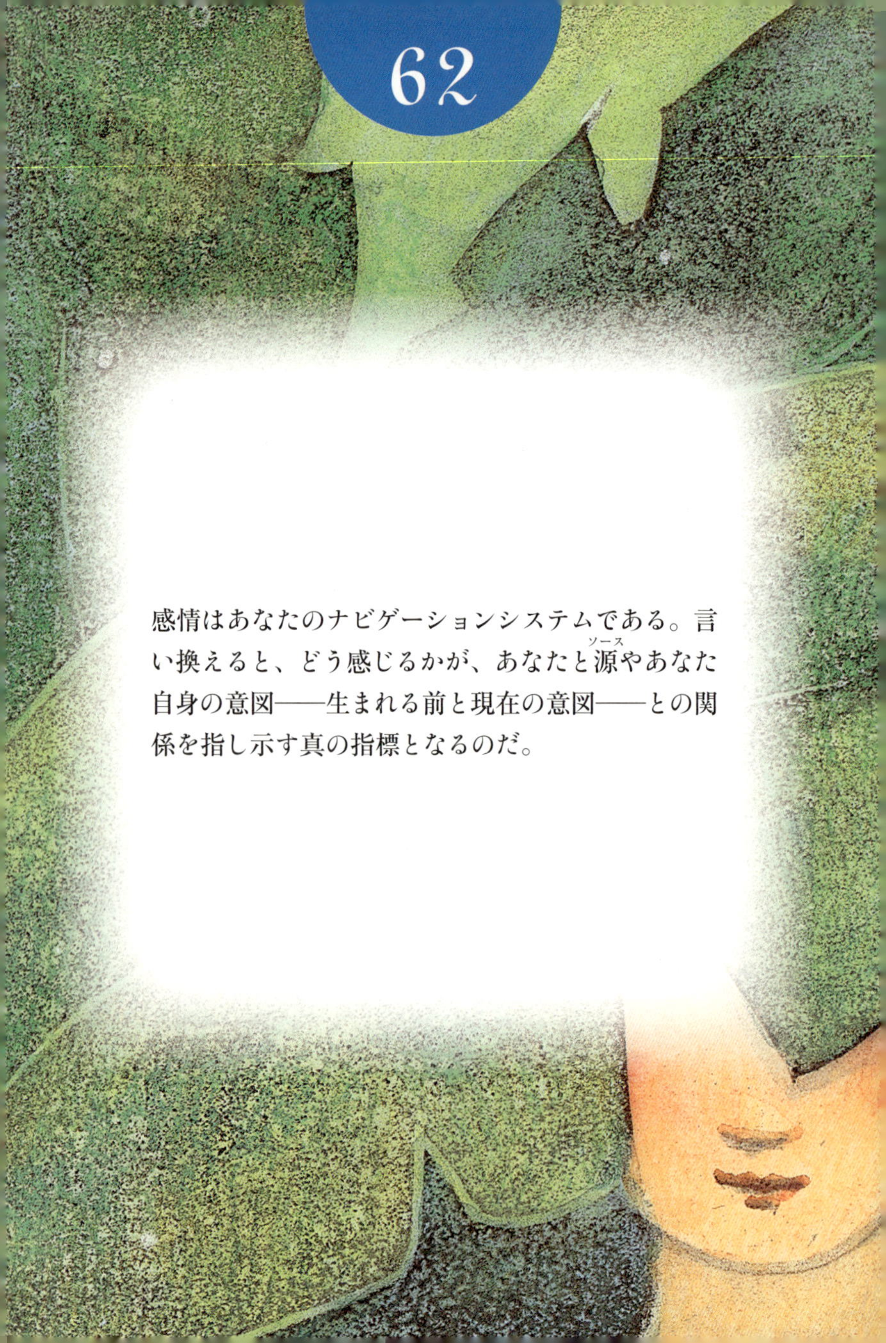

感情はあなたのナビゲーションシステムである。言い換えると、どう感じるかが、あなたと源《ソース》やあなた自身の意図——生まれる前と現在の意図——との関係を指し示す真の指標となるのだ。

63

かつて抱かれたことのある思考はすべてまだ存在している。思考に焦点を当てるたびに、あなたは自分のなかでその思考の波動を活性化させる。したがって、現在、あなたが注意を向けているものはなんでも、活性化された思考である。だが、思考から注意を引っ込めると、それは不活発になるか、活動しなくなる。どんな思考であれ、注意を向ければ向けるほど、また、それに焦点を当て、その波動を習慣的に活動させればさせるほど、それはあなたの波動のより大きな部分を占めるようになる。その習慣化された思考を「信念」とよぶことができる。

どんな対象であれ、あなたが注意を向けると、本当のあなたとそれが調和しているかどうかを判断する感情が働く。あなたの注意の対象があなたという存在の源《ソース》が知っていることに一致していれば、気分がよくなるという形で、思考の調和を感じる。だが、注意の対象が源《ソース》の知っていることと一致していなければ、気分が悪くなるという形で、思考の不調和を感じる。

あなたが注意を向けるあらゆる思考は拡大し、あなたの波動ミックスのより大きな部分を占めるようになる。あなたが望んでいるものの思考であれ、望んでいないものの思考であれ、それに対するあなたの注意が、その思考の本質をあなたの経験のなかに招き入れるのだ。

「現実を見る人」はいいときには栄えるが、悪いときには苦しむ。なぜなら、彼らが観察している現象には波動があり、何かを観察すると、人はその波動を自分の波動場のなかに取り込むからだ。すると、宇宙がそれを引き寄せの作用点として受け入れ、同じものをさらにもたらすようになる。よって、「現実を見る人」は、物事がうまくいけばいくほど、自分もうまくいくようになるし、悪い方向にいけばいくほど、何事でもつまずくようになる。けれども、明確なビジョンを持った人はいつでも栄える。

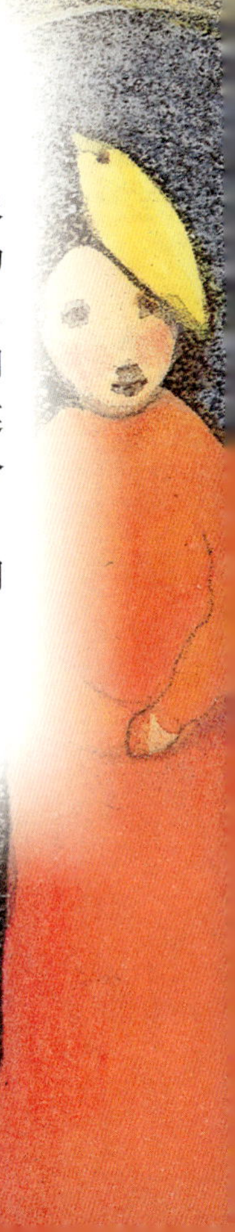

67

どんな対象でも習慣的に注意を向けていれば、「引き寄せの法則」が、あなたの優勢な波動に同調する環境、状態、経験、他人、そのほかあらゆる種類のものを引き寄せる。あなたが抱いている思考に見合う物事が周囲に現れ始めると、あなたはもっとその対象に注意を向けるようになる。そのため、かつては小さくて目立たなかった思考が、強力な信念へと発展する。強力な信念はあなたの経験のなかで常に表現されている。

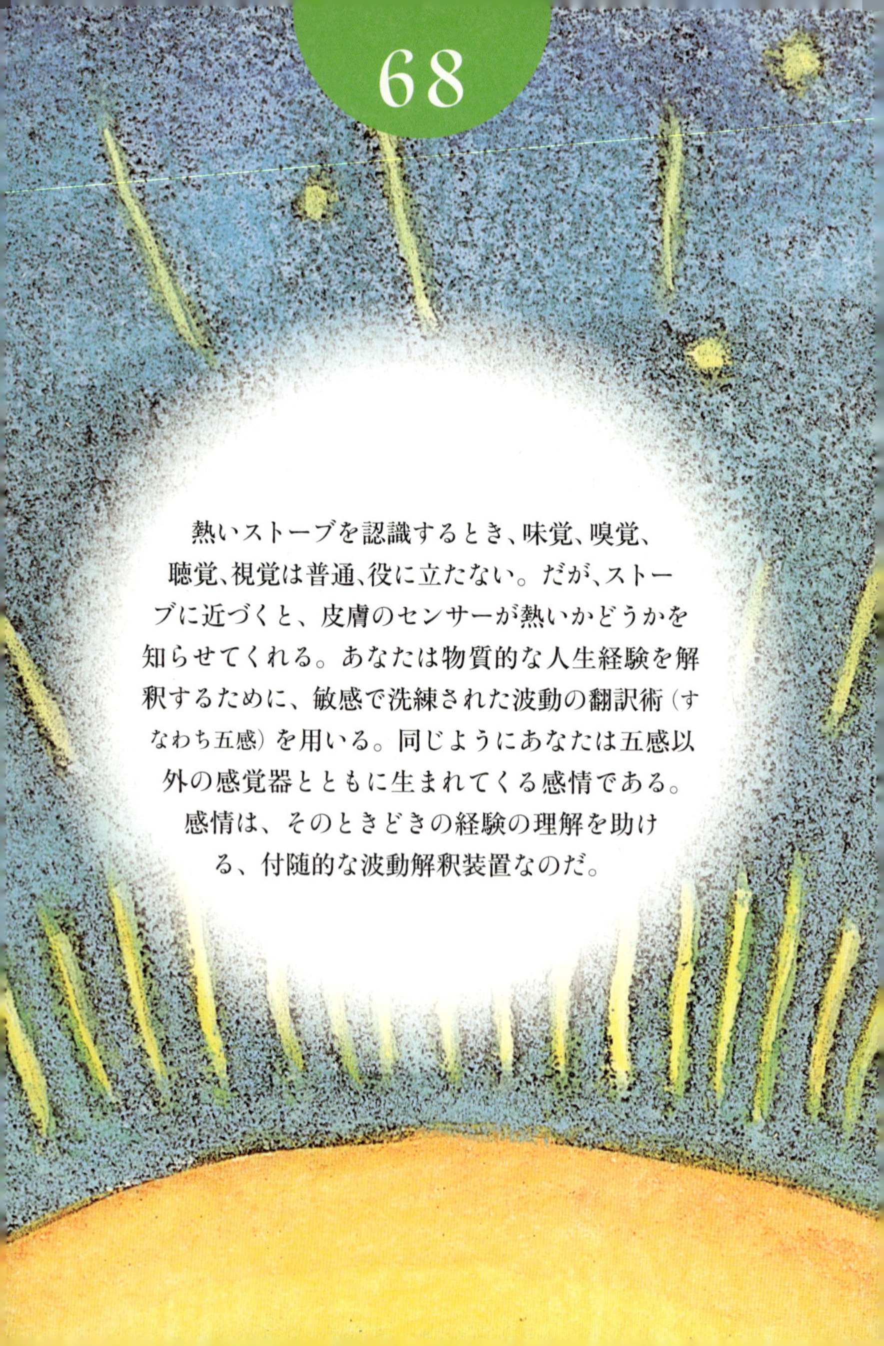

68

熱いストーブを認識するとき、味覚、嗅覚、聴覚、視覚は普通、役に立たない。だが、ストーブに近づくと、皮膚のセンサーが熱いかどうかを知らせてくれる。あなたは物質的な人生経験を解釈するために、敏感で洗練された波動の翻訳術（すなわち五感）を用いる。同じようにあなたは五感以外の感覚器とともに生まれてくる感情である。感情は、そのときどきの経験の理解を助ける、付随的な波動解釈装置なのだ。

いかなるときも、感情はあなたの波動の内容を示す指標である。したがって、自分の感情を自覚すれば、自分がどんな波動を出しているかもわかる。そして、「引き寄せの法則」についての知識と、この瞬間に自分がどんな波動を出しているかについての認識を合わせれば、あなたは自分自身の強力な引き寄せの作用点を完全にコントロールできるようになる。そうした知識があれば、自分の人生経験を好きなように導くことができるのだ。

70

感情は、あなたがどれだけ源《ソース》と同調しているかを指し示す。源《ソース》から完全に切り離されることは不可能だが、あなたが注意を向ける思考は、本当のあなたである「見えない世界のエネルギー」との同調がどの程度とれているかを実質的に示してくれる。そのうちに訓練を積めば、本当の自分との同調がどの程度とれているかが、いつでもわかるようになる。なぜなら、ソースエネルギーがあなたに流れ込むのを完全に許容･可能にすればあなたは成功するし、許容･可能にしなければ、成功しないからだ。

71

あなたはとてつもない力を持った存在である。あなたはまったく自由に創造できるのだ。そのことを知り、そうした考えと調和する物事に焦点を当てれば、あなたは絶対的な喜びを感じる。だが、そうした真理に背くことを考えれば、逆に無力感や拘束感を感じる。あらゆる感情は、喜びと無力感との間のどこかに位置づけられる。

72

彫刻家は粘土をこねて自分を喜ばす作品を作る。同じように、あなたはエネルギーに形を与えることによって創造する。焦点の力を通して――つまり、物事を考えたり、思い出したり、想像したりすることによって――エネルギーに形を与えるのだ。あなたは話すとき、書くとき、聞くとき、黙っているとき、思い出しているとき、想像するとき、エネルギーを集中させる。思考の投影を通してエネルギーを集中させるのだ。

73

あなたが求めるものはすべて、大小のいかんにかかわらず、即座に理解され、例外なく宇宙から提供される。あらゆる意識は要求する権利と能力を持っている。すべての意識の主張は尊重され、即座に応えられる。求めれば、与えられるのだ——常に！　あなたの「要求」はときに言葉によってなされるが、好みや傾向として目に見えない形で伝達されることのほうがはるかに多い。そのすべてが、尊重され、応えられる。

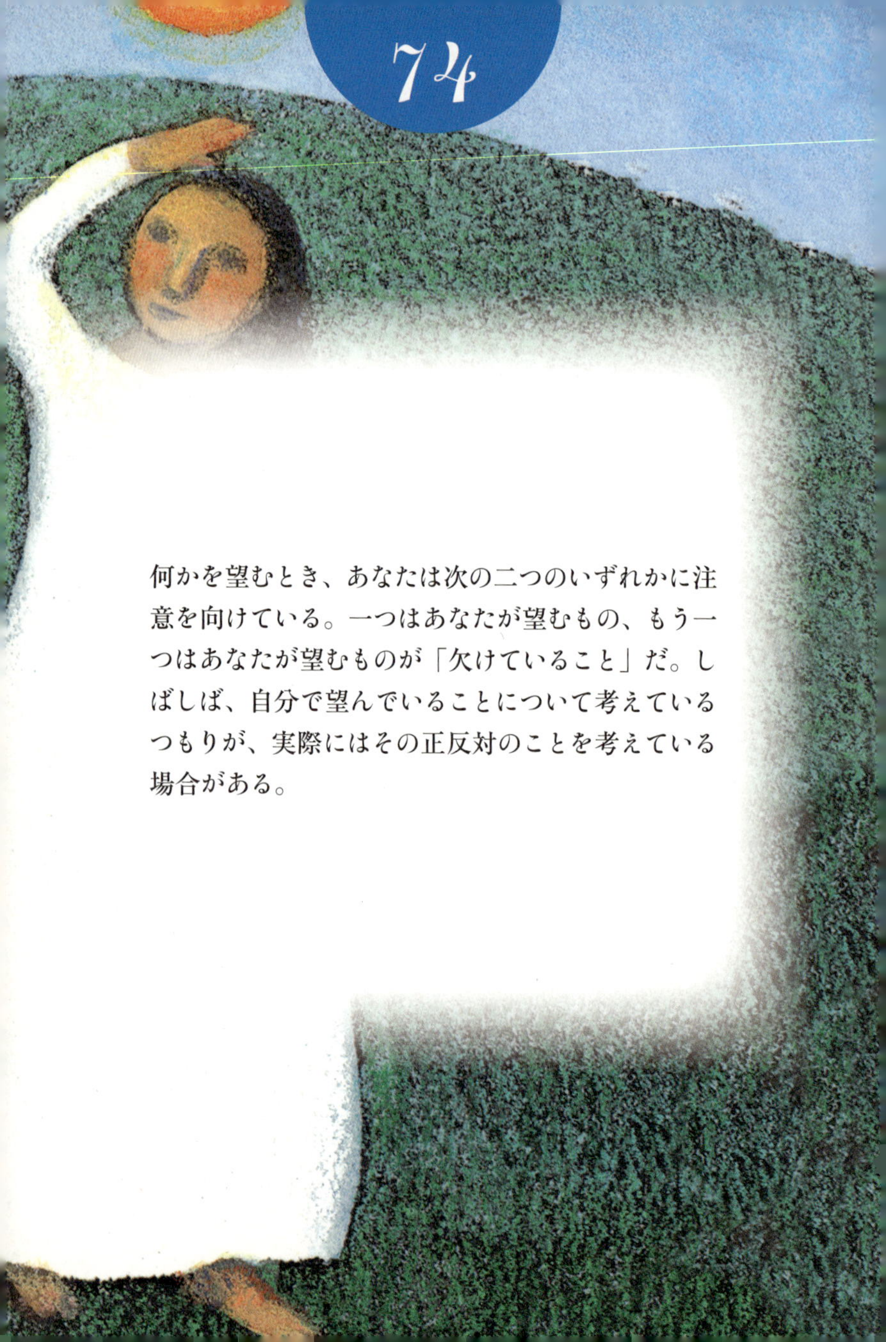

74

何かを望むとき、あなたは次の二つのいずれかに注意を向けている。一つはあなたが望むもの、もう一つはあなたが望むものが「欠けていること」だ。しばしば、自分で望んでいることについて考えているつもりが、実際にはその正反対のことを考えている場合がある。

75

あなたが考えることと、あなたが実際に得ているものとは、波動のレベルでは常に完璧に一致している。よって、自分が考えていることと人生に現れていることの相関関係を自覚すれば、大きな助けになり得る。だが、自分が行き着く前にどこに向かっているかが見分けられるようになれば、もっと助けになる。自分の感情と、自分がどんな波動を出してきたかをいったん理解すれば、どのように感じるかによって、自分が向かっているところを正確に推し量ることができる。

76

あなたは自分の願望がかなえられたことを必ずしも自覚するとは限らない。「要求すること」と「許容・可能にすること」との間には、しばしば時間のずれがあるからだ。あなたは物事を対比することによって、鮮明な願望を抱くようになるが、願望そのものに純粋な注意を向けるのではなく、願望を生み出した状況に焦点を当てることがある。そうすると、願望自体ではなく、願望を抱いた原因に対応する波動が生み出されることになる。

77

「〜する必要がある」という言葉や正当化の言葉を述べるたび、あなたは知らず知らずのうちに、現在の不愉快な状況の波動を強化する。その結果、新しい願望と調和しない自分自身を抱き続け、自分が求めているものを受け取るモードに入り込めない。ある状況に関し、自分が望んでいないことに意識が向いているかぎり、あなたが求めるものはやってこない。

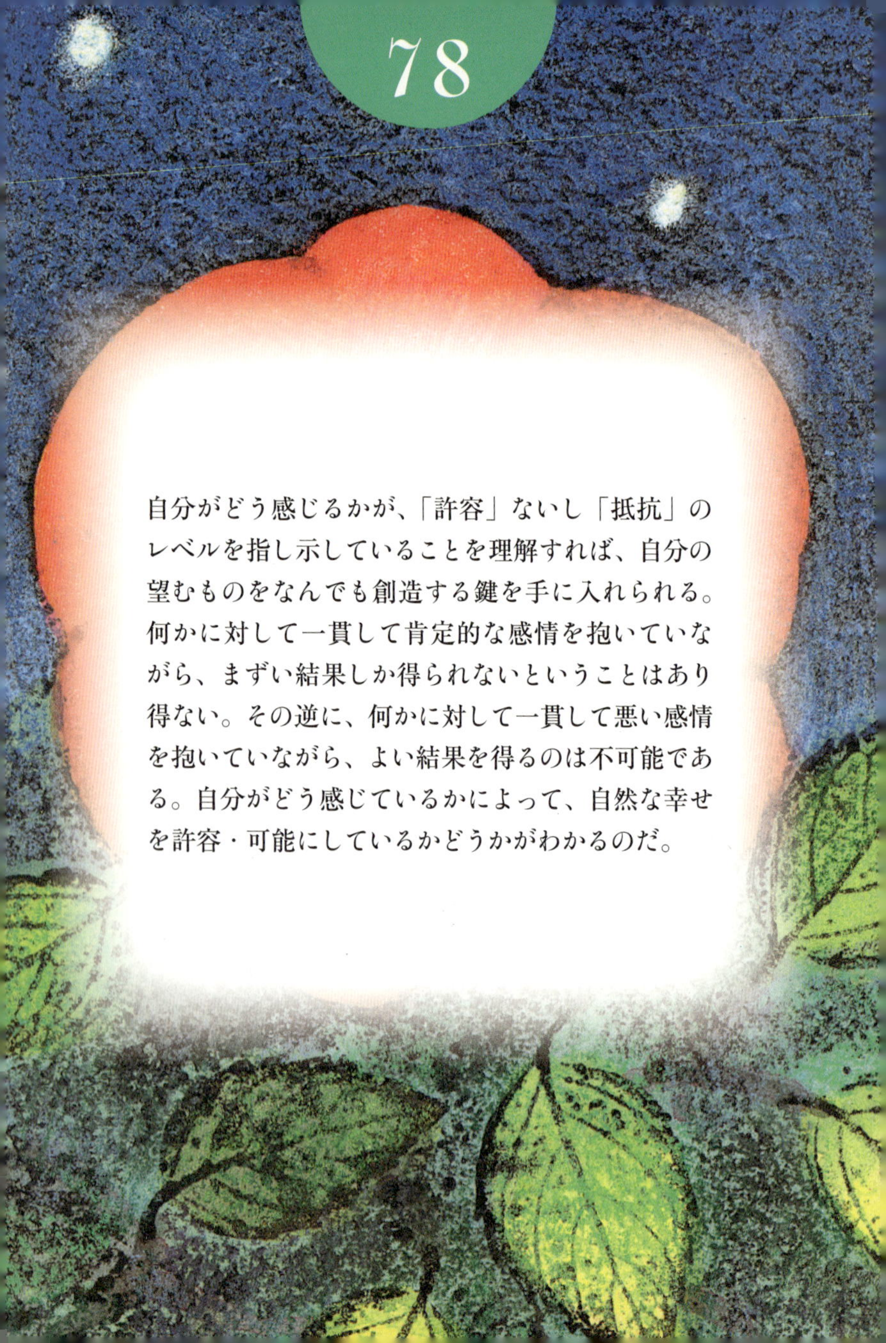

自分がどう感じるかが、「許容」ないし「抵抗」のレベルを指し示していることを理解すれば、自分の望むものをなんでも創造する鍵を手に入れられる。何かに対して一貫して肯定的な感情を抱いていながら、まずい結果しか得られないということはあり得ない。その逆に、何かに対して一貫して悪い感情を抱いていながら、よい結果を得るのは不可能である。自分がどう感じているかによって、自然な幸せを許容・可能にしているかどうかがわかるのだ。

わたしたちは「見えない世界のあなた」を、あなたの「内なる存在」「源《ソース》」とよぶ。あなたがそれを「ソースエネルギー」とよぼうが、「生命力」とよぼうが、それは重要なことではない。だが、いつ自分がそれとの完全なつながりを許容・可能にし、いつ制限しているかを意識的に自覚することが大切である。あなたの感情は、そのようなつながりをあなたがどの程度「許容·可能」もしくは「拒絶」しているかを、絶えず示してくれる。

80

自分がどう感じているかを意識するようになればなるほど、ソースエネルギーを意のままに操れるようになり、あなたは熟練した楽しい「意図的創造者」になる。経験を積めば、この「創造エネルギー」を思うがままに制御できるようになるだろう。そして熟練した彫刻家のように、世界を生み出すこのエネルギーに形を与えることを楽しむようになり、自分の個人的な創造に、そのエネルギーを向かわせるようになるだろう。

長い間、何かを求めてきたのに、まだそれが実現されていないと思っているときには、あなたのなかに強い否定的な感情が存在する公算が高い。だが、求めていることを知っており、それが起こりつつあると想像しているなら、期待や熱意を感じるだろう。このように、あなたは自分がどう感じるかで、その瞬間、自分の願望を許容・可能にしているのか、そうでないのかを判断できるのだ。

82

わたしたちがあなたがたに勧めているのは、思考を「コントロール」することではない。思考を「ガイド」することを勧めているのだ。というよりもむしろ「感情をつかむ」と言ったほうがいいかもしれない。というのも、自分がどう感じたいかを決めるのが、自分でいいと信じるものと調和する思考を抱く、手っ取り早い方法だからだ。

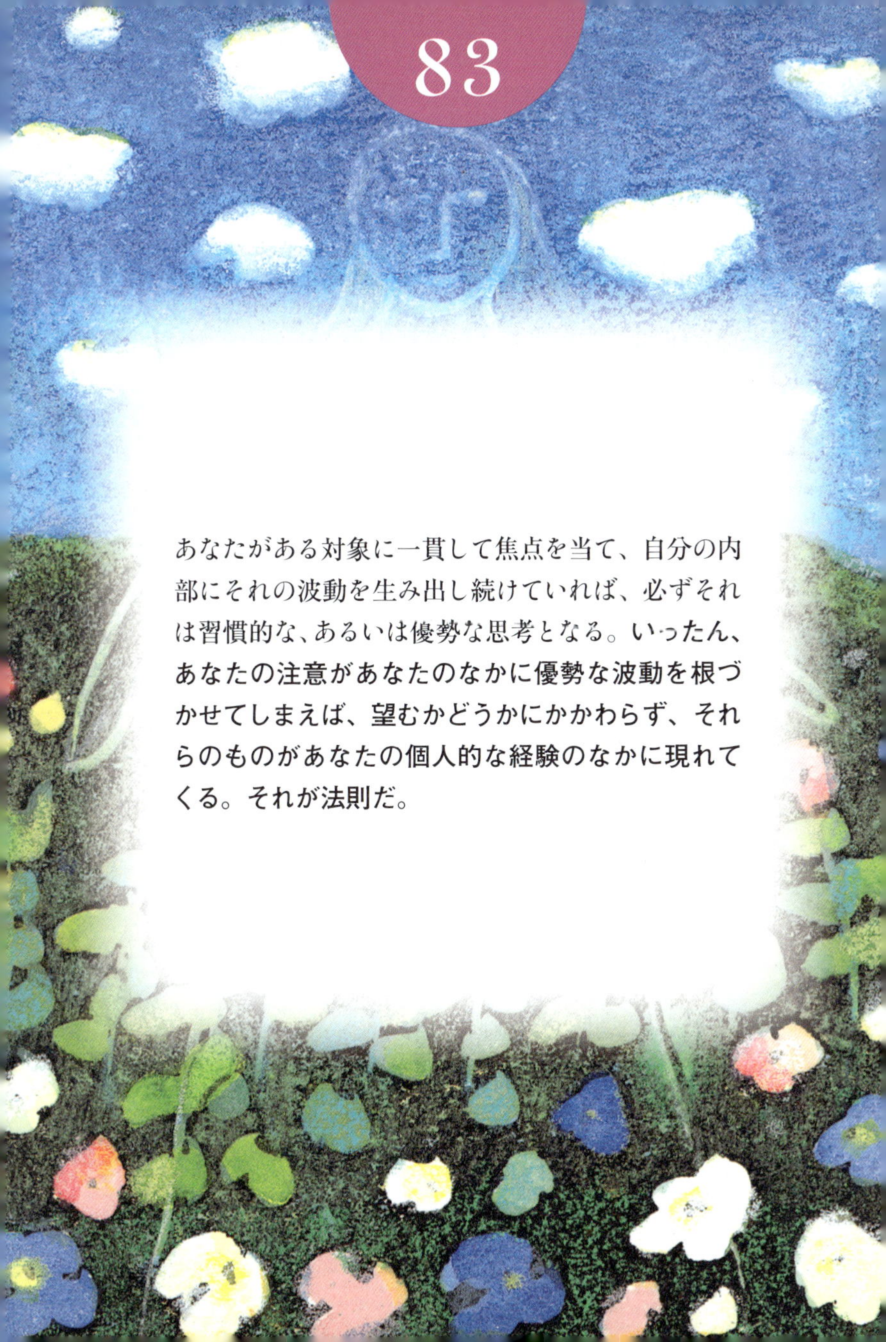

83

あなたがある対象に一貫して焦点を当て、自分の内部にそれの波動を生み出し続けていれば、必ずそれは習慣的な、あるいは優勢な思考となる。いったん、あなたの注意があなたのなかに優勢な波動を根づかせてしまえば、望むかどうかにかかわらず、それらのものがあなたの個人的な経験のなかに現れてくる。それが法則だ。

84

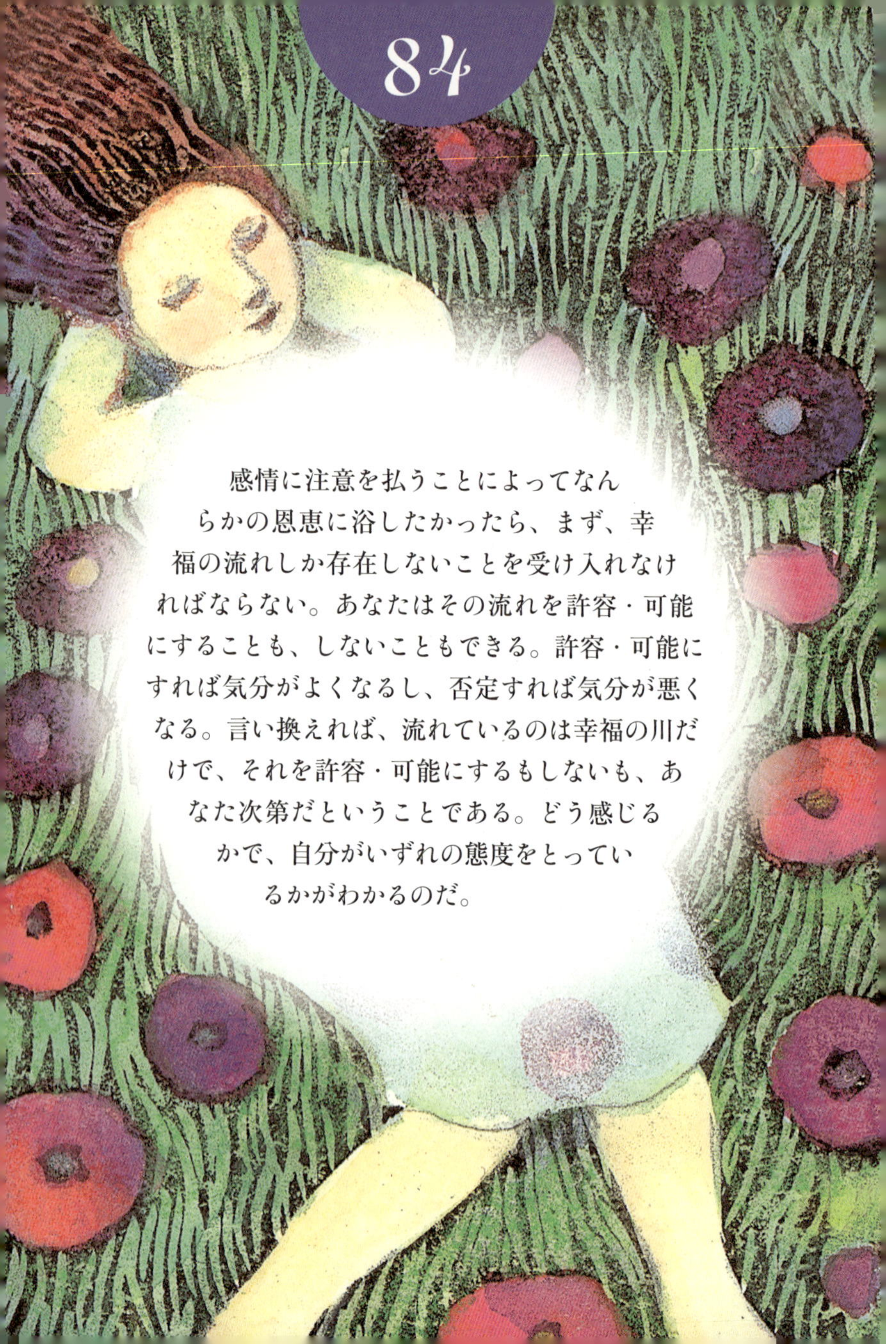

感情に注意を払うことによってなんらかの恩恵に浴したかったら、まず、幸福の流れしか存在しないことを受け入れなければならない。あなたはその流れを許容・可能にすることも、しないこともできる。許容・可能にすれば気分がよくなるし、否定すれば気分が悪くなる。言い換えれば、流れているのは幸福の川だけで、それを許容・可能にするもしないも、あなた次第だということである。どう感じるかで、自分がいずれの態度をとっているかがわかるのだ。

85

あなたは、成功するしかない。気分がよくなるしかない。あなたは善良であり、愛されている。幸福は絶えずあなたへと流れ込んでいる。あなたが許容・可能にすれば、幸せはあらゆる方法であなたの経験のなかに現れてくるだろう。

「信念」とは習慣化された波動にすぎない。例えば、長い間、あなたがあることを考え続けていると、その思考が習慣化し、あなたの「信念」になる。すると、あなたは自分が思いをめぐらせているそれらの思考に見合った経験をしたとき、「そう、これは真実である」と結論する。それを「真実」とよぶのは正確かもしれないが、わたしたちは「引き寄せ」とか「創造」とよぶほうを好む。

あなたが注意を向けるものはすべてあなたの「真実」となる。必ずそうなると「引き寄せの法則」は言う。あなたの人生は、いや、ほかのすべての人の人生もまた、優勢な思考の反映にすぎない。それにはいかなる例外もない。

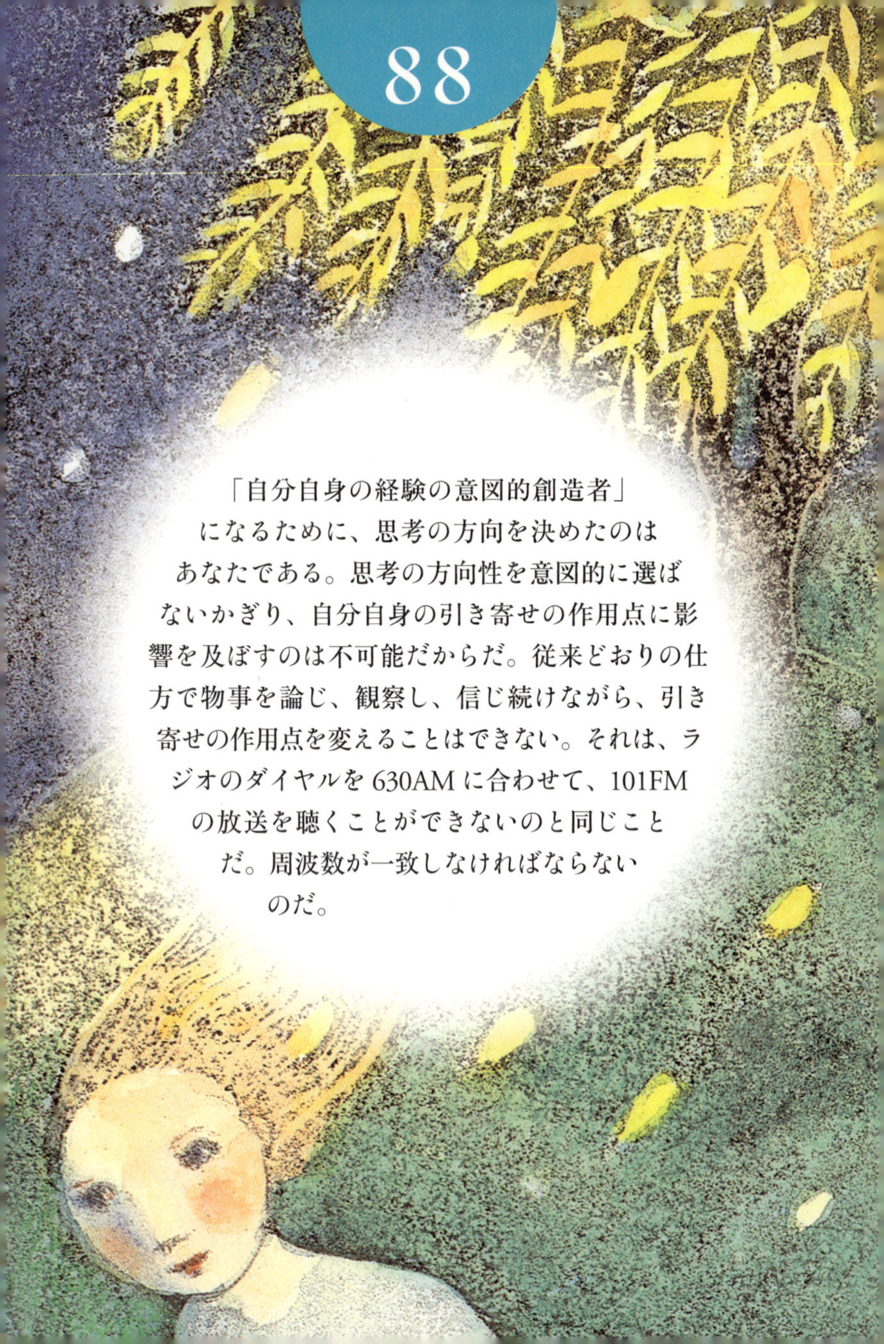

88

「自分自身の経験の意図的創造者」になるために、思考の方向を決めたのはあなたである。思考の方向性を意図的に選ばないかぎり、自分自身の引き寄せの作用点に影響を及ぼすのは不可能だからだ。従来どおりの仕方で物事を論じ、観察し、信じ続けながら、引き寄せの作用点を変えることはできない。それは、ラジオのダイヤルを630AMに合わせて、101FMの放送を聴くことができないのと同じことだ。周波数が一致しなければならないのだ。

89

自分の願望に焦点を当てれば（そして、あなたが放出する波動が純粋にあなたの願望を反映していれば）、あなたは素晴らしい気分になる。自分が本当に望んでいるものが「欠落」していることに焦点を当てれば、あなたはひどい気分になる。感情はあなたがどのような波動を出しているかを常に知らせてくれる。また、あなたの引き寄せの作用点がどこにあるかを正確に知らせてくれる。よって、自分の感情に注意を払い、自分の感情に影響を及ぼす思考を意図的に選べば、どんな願望をも満たしてくれる波動に自分自身を意識的に導くことができる。

90

自分が、経験していることのすべてを引き寄せる波動の存在であることを受け入れ、自分が考えていることや感じていることと、自分が受け取っていることとの相関関係がわかれば、あなたはあらゆることで、自分が今いるところから行きたいところへと行く鍵を手にすることになる。

ほとんどの人は、自分が信じるものをコントロールする力を持っていることを信じない。彼らは身の回りで物事が起こるのを観察し、評価するが、自分のなかに形成されつつある信念をコントロールできないと思う。彼らは出来事を善悪や正誤、望ましいことと望ましくないことといった範疇に分けて考えるが、それらの出来事との関係をコントロールする力を自分が持っていることを理解しないのだ。

92

ほとんどの人は、個人的な力を通して、あるいは集団になって大きなパワーを感じることを通して、自分の幸せを脅かし得る状況をコントロールすることで、自分自身の幸せを維持しようとする。しかし、「排斥」といったものが存在しないこの引き寄せを基盤とする宇宙にあっては、望まないことに強く反対すればするほど、ますます望まないことと波長が合うようになり、望まないことを人生に招き寄せるようになる。自分自身の信念を守ろうとすればするほど、防衛的な生き方を余儀なくされる、というのが「引き寄せの法則」の鉄則なのだ。

93

どんなことでも、十分に注意を向ければ、あなたが思考したものの本質が最終的に物質化する。他者がそれに注意を向けて観察すれば、それはさらに拡大する。やがてそれは、望ましいか望ましくないかに関係なく、「真実」とよばれるようになる。意図的な創造とは、あなたが真実と見なす経験を意図的に選ぶことだ。

94

新しく活性化された思考があまりはっきりせず漠然としている場合、それらの波動はまだ非常に小さく、それほど引き寄せる力を持っていない。そうした初期の段階では、あなたの注意が目に見える成果を生み出すという証拠はつかめないだろう。だがその思考が力を増していくと、さまざまな感情が生じ、その思考の波動があなたのソースエネルギーと調和しているかどうかを知らせてくれるようになる。それが本来のあなたと一致していれば、気分がいい感情がわいてくるし、一致していなければ、気分の悪い感情を覚えるようになる。

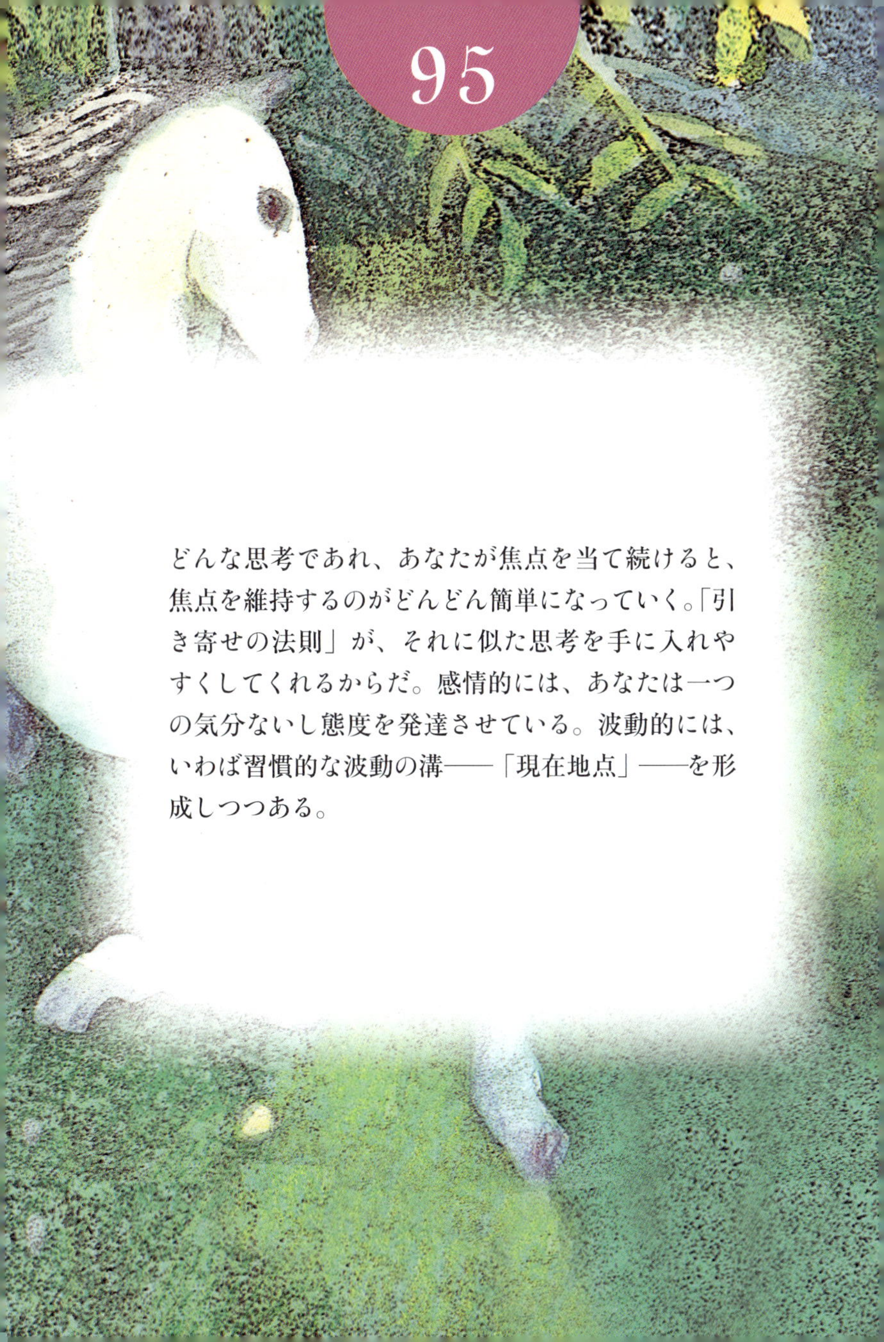

95

どんな思考であれ、あなたが焦点を当て続けると、焦点を維持するのがどんどん簡単になっていく。「引き寄せの法則」が、それに似た思考を手に入れやすくしてくれるからだ。感情的には、あなたは一つの気分ないし態度を発達させている。波動的には、いわば習慣的な波動の溝――「現在地点」――を形成しつつある。

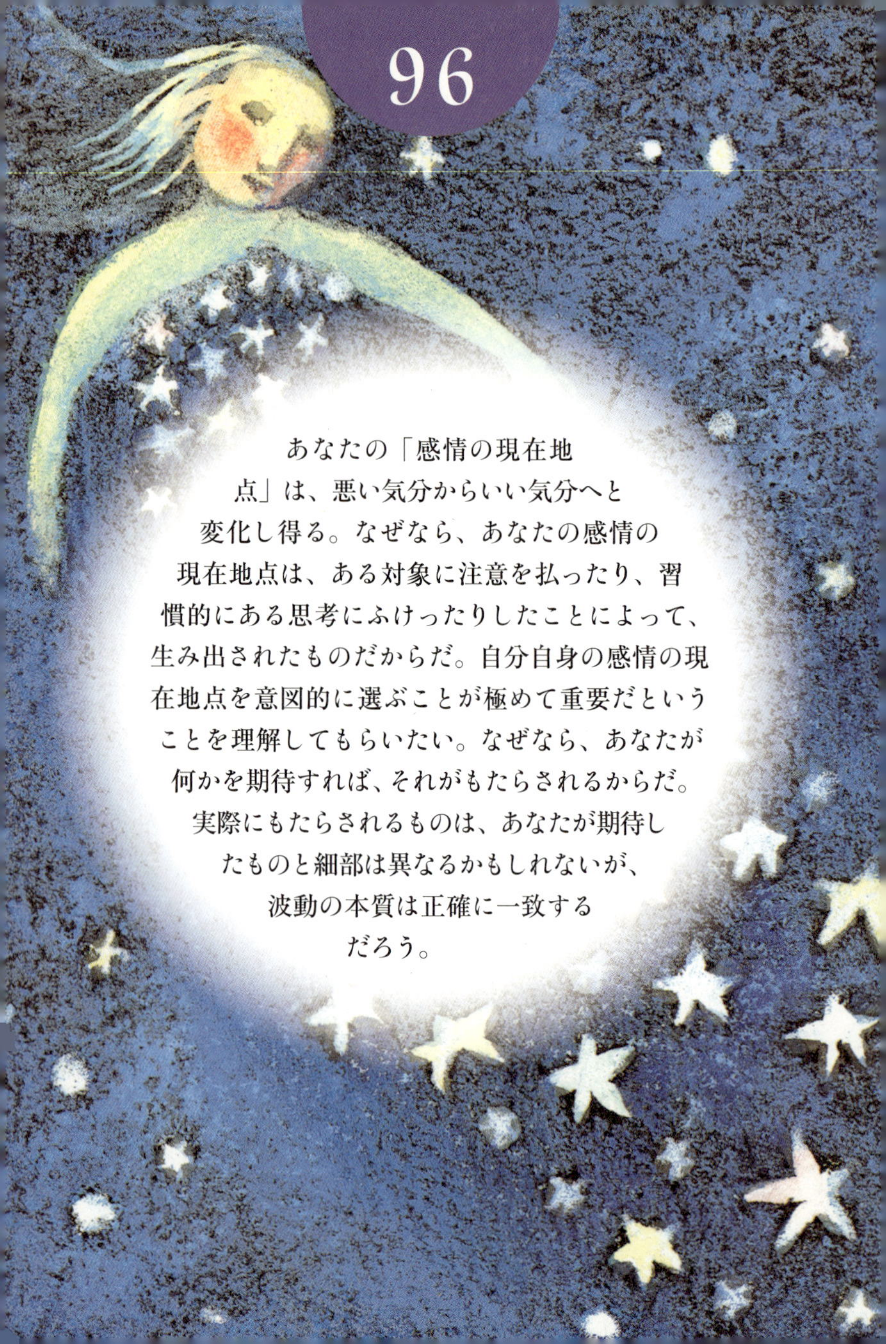

あなたの「感情の現在地点」は、悪い気分からいい気分へと変化し得る。なぜなら、あなたの感情の現在地点は、ある対象に注意を払ったり、習慣的にある思考にふけったりしたことによって、生み出されたものだからだ。自分自身の感情の現在地点を意図的に選ぶことが極めて重要だということを理解してもらいたい。なぜなら、あなたが何かを期待すれば、それがもたらされるからだ。実際にもたらされるものは、あなたが期待したものと細部は異なるかもしれないが、波動の本質は正確に一致するだろう。

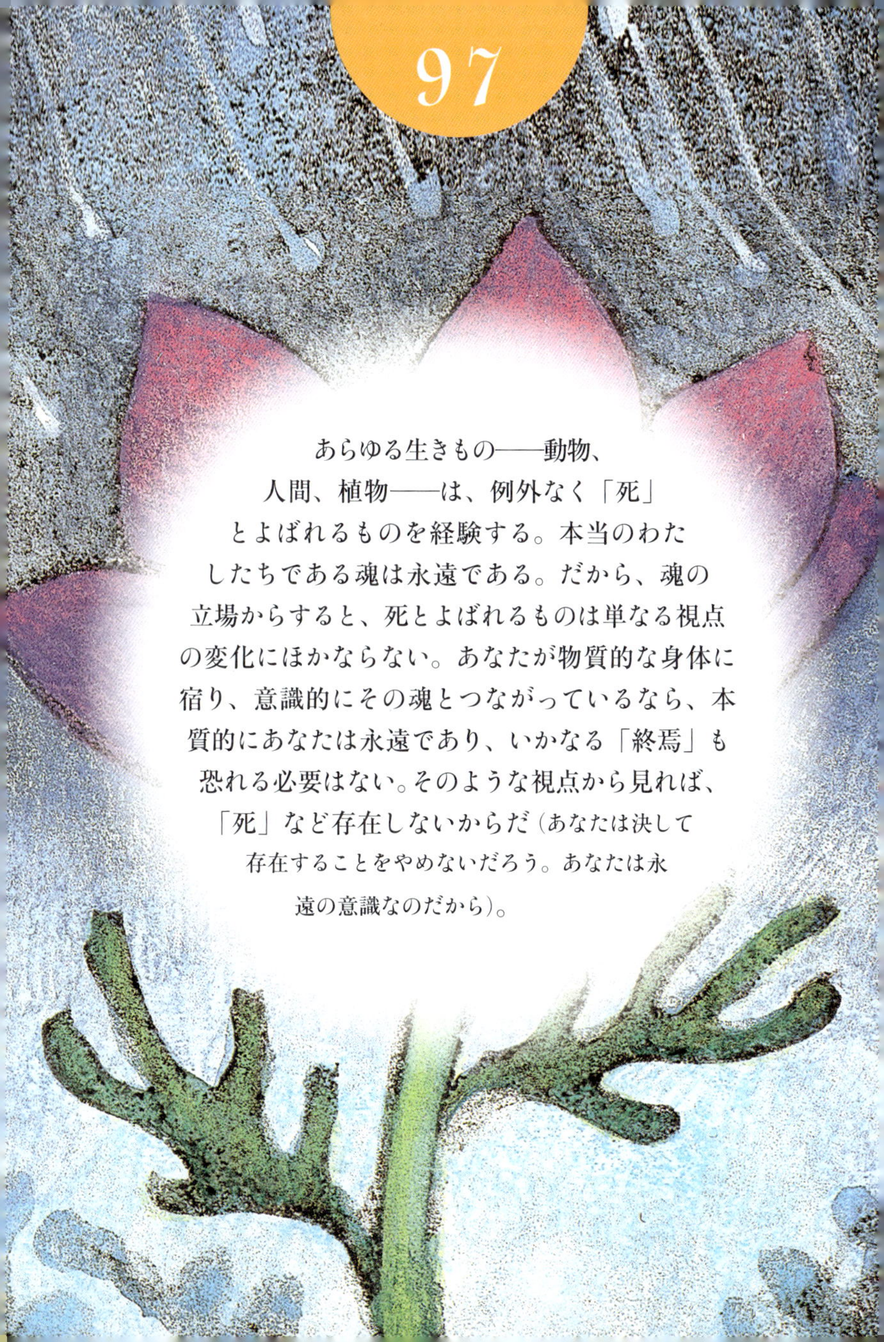

97

あらゆる生きもの——動物、人間、植物——は、例外なく「死」とよばれるものを経験する。本当のわたしたちである魂は永遠である。だから、魂の立場からすると、死とよばれるものは単なる視点の変化にほかならない。あなたが物質的な身体に宿り、意識的にその魂とつながっているなら、本質的にあなたは永遠であり、いかなる「終焉」も恐れる必要はない。そのような視点から見れば、「死」など存在しないからだ（あなたは決して存在することをやめないだろう。あなたは永遠の意識なのだから）。

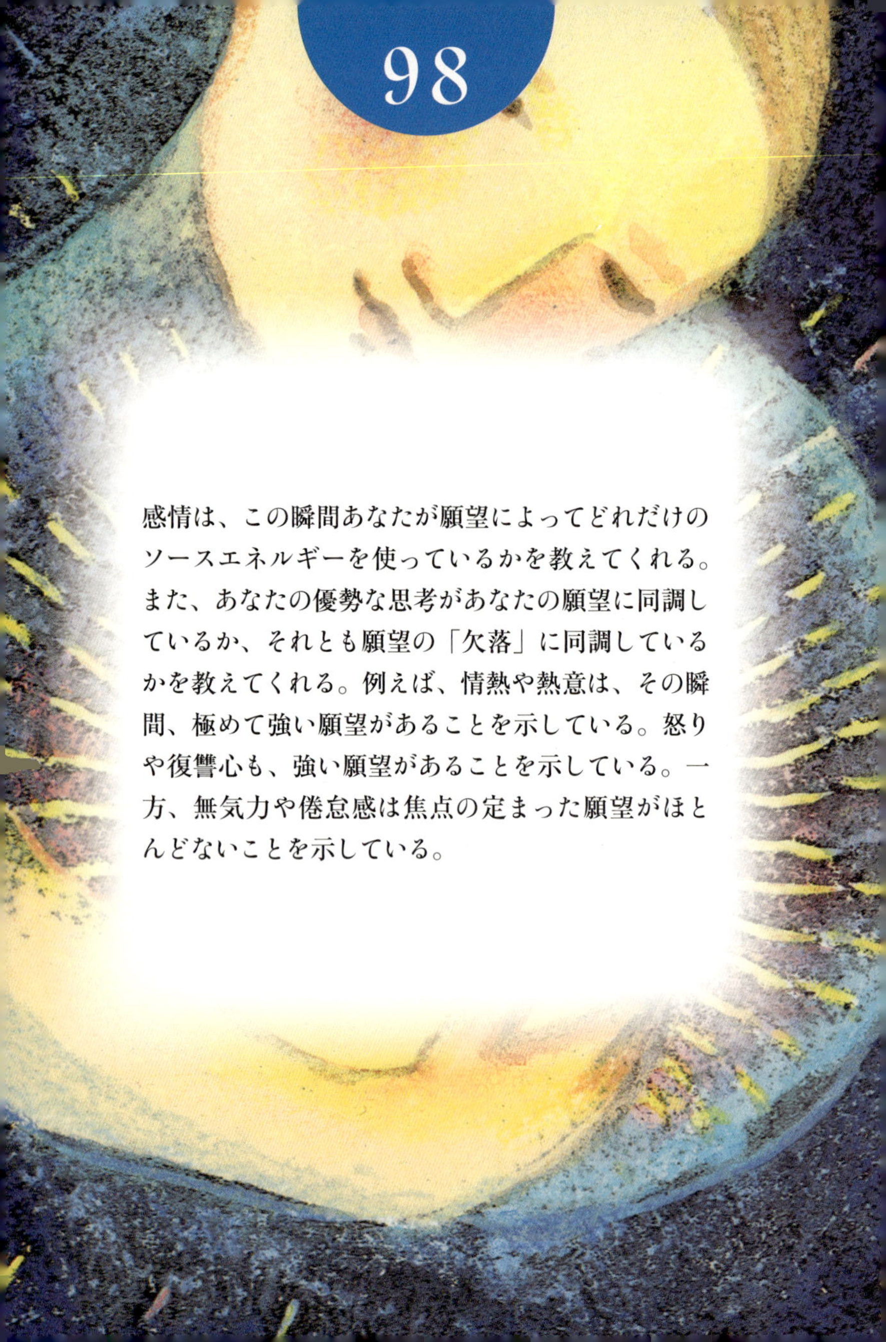

感情は、この瞬間あなたが願望によってどれだけのソースエネルギーを使っているかを教えてくれる。また、あなたの優勢な思考があなたの願望に同調しているか、それとも願望の「欠落」に同調しているかを教えてくれる。例えば、情熱や熱意は、その瞬間、極めて強い願望があることを示している。怒りや復讐心も、強い願望があることを示している。一方、無気力や倦怠感は焦点の定まった願望がほとんどないことを示している。

99

あなたが本気で何かを欲し、自分の欲求について考え、そのことで楽しい気分になるなら、あなたの現在の思考の波動はあなたの願望と同調している。わたしたちはそれを「許容・可能にする」とよぶ。だが、あなたが本気で何かを欲し、怒りや恐れや落胆を感じるとすれば、望むことは逆の方向を向いていることを意味する。そのようなとき、あなたは自分の願望とは同調しない別の波動を招き入れているのだ。わたしたちはそれを「抵抗」とよぶ。自分が欲しいものを受け取ることに抵抗すればするほど、否定的な感情が強くなる。

感情はあなたの波動の状態を示す絶対的な指標である。したがって、あなたの現在の引き寄せの作用点を完璧に映し出す。感情に注目していれば、願望を満たすことを自分が現在、許容・可能にしているかどうかがわかる。だから、自分がどう感じるかに注目し、感情を貴重な指標として活用するよう勧めたい。

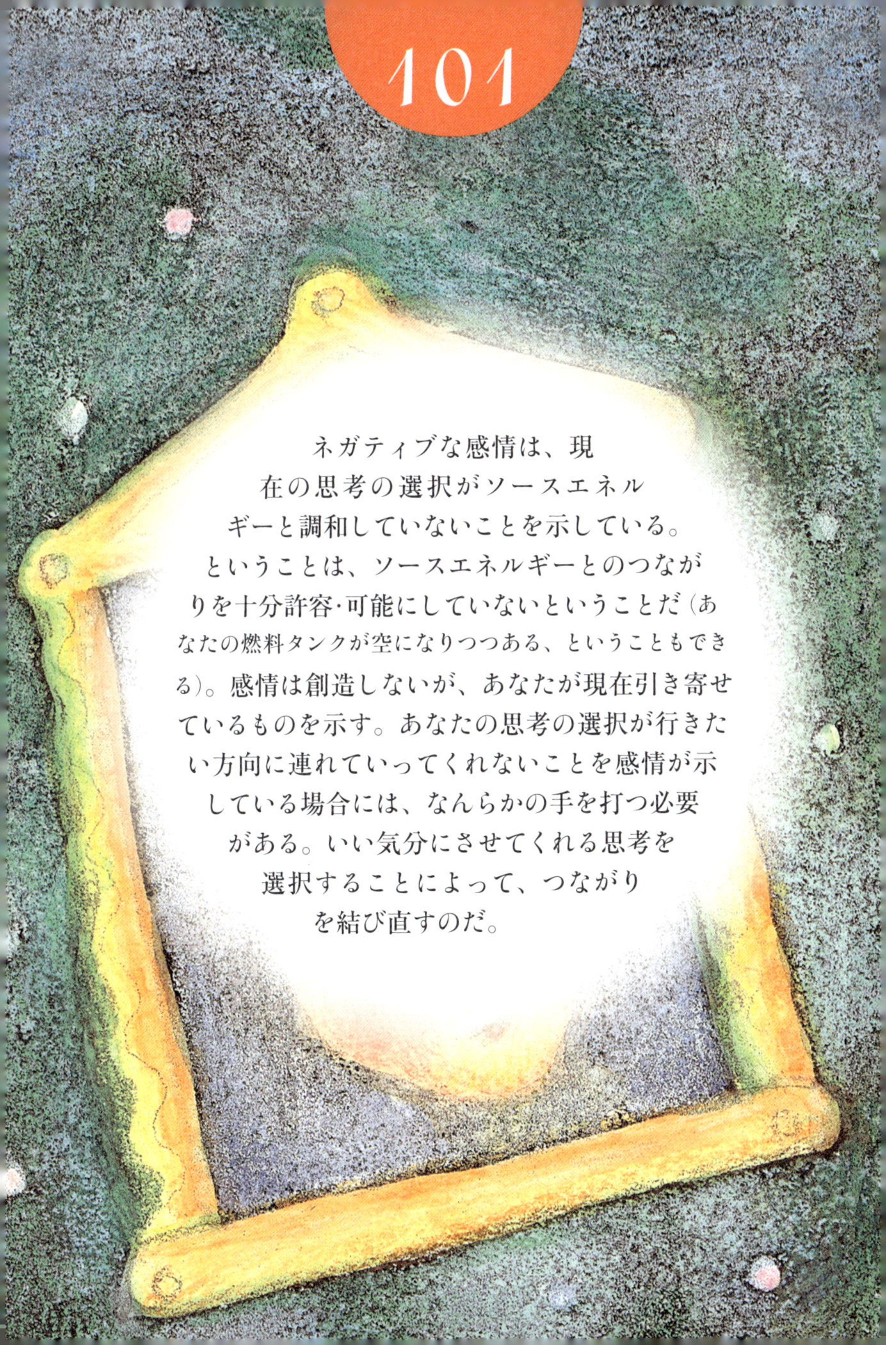

101

ネガティブな感情は、現在の思考の選択がソースエネルギーと調和していないことを示している。ということは、ソースエネルギーとのつながりを十分許容･可能にしていないということだ（あなたの燃料タンクが空になりつつある、ということもできる）。感情は創造しないが、あなたが現在引き寄せているものを示す。あなたの思考の選択が行きたい方向に連れていってくれないことを感情が示している場合には、なんらかの手を打つ必要がある。いい気分にさせてくれる思考を選択することによって、つながりを結び直すのだ。

あなたは自分自身の思考を方向づける能力を持っている。あなたには物事をあるがままに観察するという選択肢もあるし、こうであってほしいと想像する選択肢もある。いずれを選択しても、強力である。あなたの思考はいかなる場合でも、あなたの引き寄せの作用点に相当する波動をあなたのなかに生み出す。そして、あなたが提示するその波動に見合う環境や出来事が引き寄せられてくる。

喜びからかけ離れた波動を出さざるを得ない環境にはまり込んでいるときには、喜ばしい出来事を引き寄せるのは不可能である。そのような飛躍をするのを、「引き寄せの法則」が許さないからだ。それは、ラジオのダイヤルを 101FM に合わせて、630AM で放送されている曲を聴くことができないのと同じことだ。

あなたの波動パターンを変えるのは難しいことではない。特に一度に少しずつしかそれができないことを理解している場合にはそうだ。自分の願望の達成に向かって着実に速く進んでいくためには、波動がどのように働き、自分の経験にどんな影響を及ぼすかを理解しなければならない。それだけではない。最も重要なのは、感情が波動について何を教えてくれるかを理解することだ。

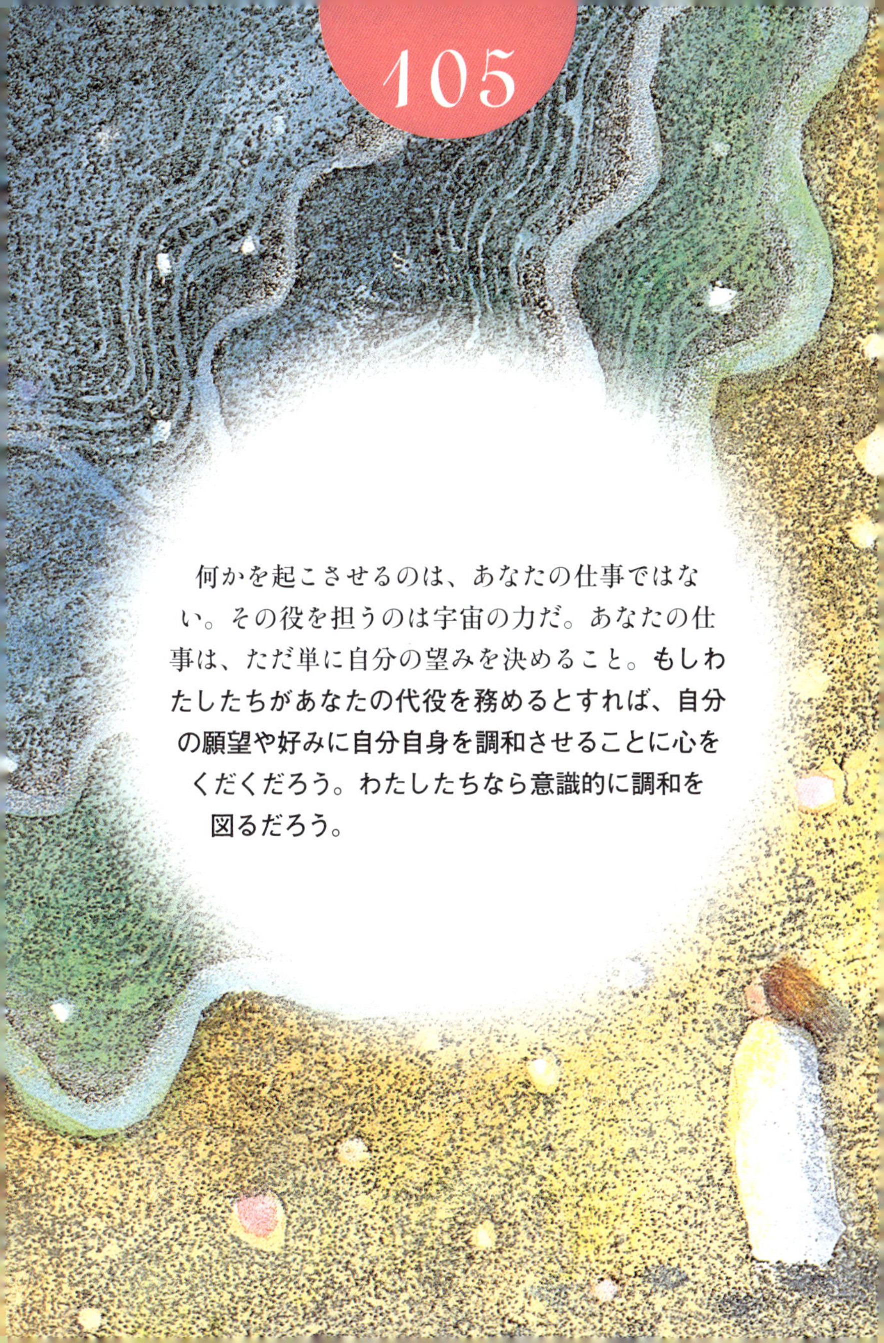

105

何かを起こさせるのは、あなたの仕事ではない。その役を担うのは宇宙の力だ。あなたの仕事は、ただ単に自分の望みを決めること。もしわたしたちがあなたの代役を務めるとすれば、自分の願望や好みに自分自身を調和させることに心をくだくだろう。わたしたちなら意識的に調和を図るだろう。

106

あなたの願望、欲求、好みのすべては、自然に絶え間なくあなたからあふれ出ている。なぜなら、それがあなたの住む宇宙の仕組みだからだ。あなたは欲求を抑えることができない。この宇宙が永遠であるということが、次々に欲求が生まれる基盤となっているのだ。

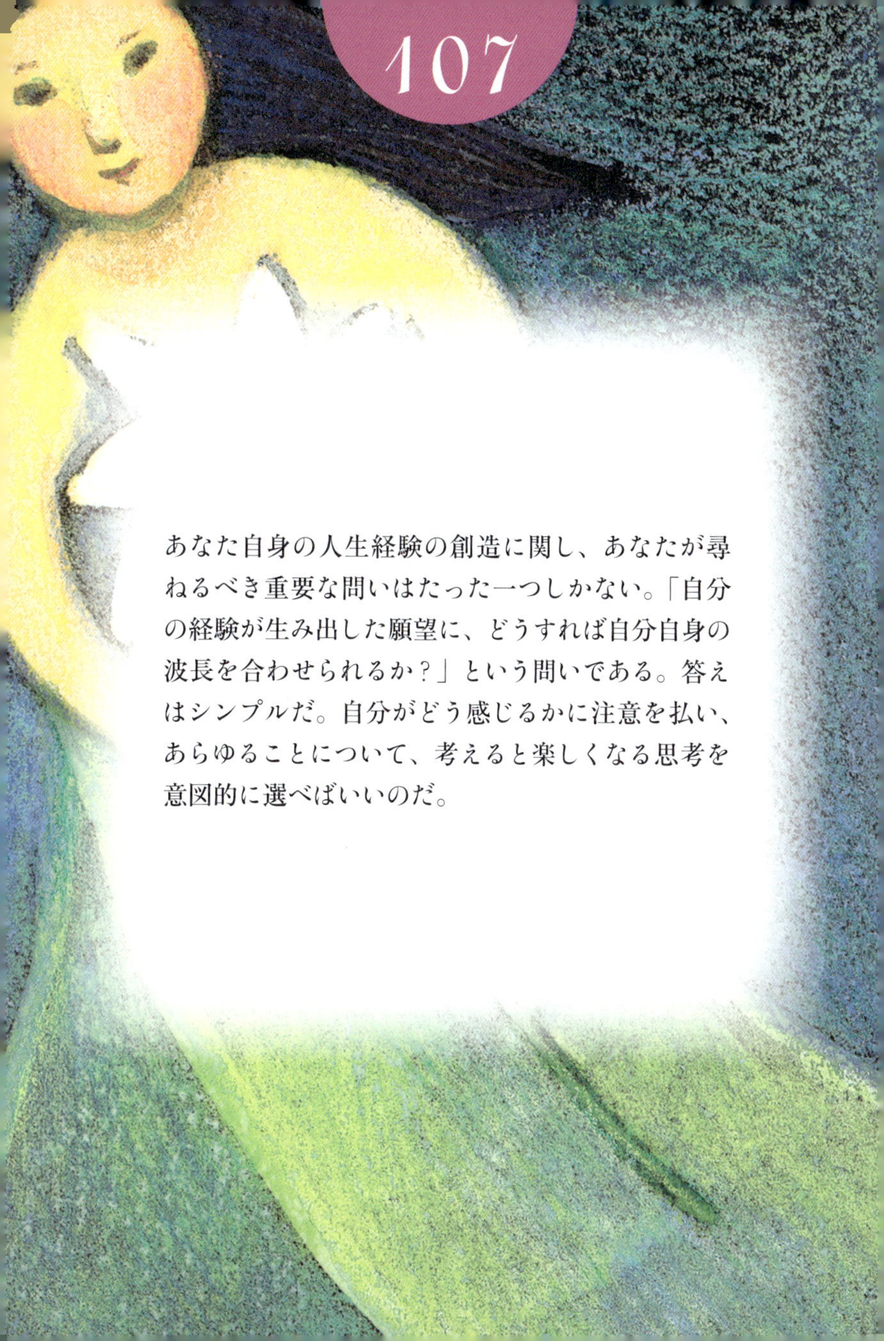

あなた自身の人生経験の創造に関し、あなたが尋ねるべき重要な問いはたった一つしかない。「自分の経験が生み出した願望に、どうすれば自分自身の波長を合わせられるか？」という問いである。答えはシンプルだ。自分がどう感じるかに注意を払い、あらゆることについて、考えると楽しくなる思考を意図的に選べばいいのだ。

108

あなたは身体に宿る決心をしたとき、自分が創造者であること、地球環境が具体的な創造を刺激することを知っていた。求めれば、必ず与えられることも知っていた。そして、あなたは自分のなかを流れるソースエネルギーの力を借りて、願望を達成できることを知ってワクワクした。

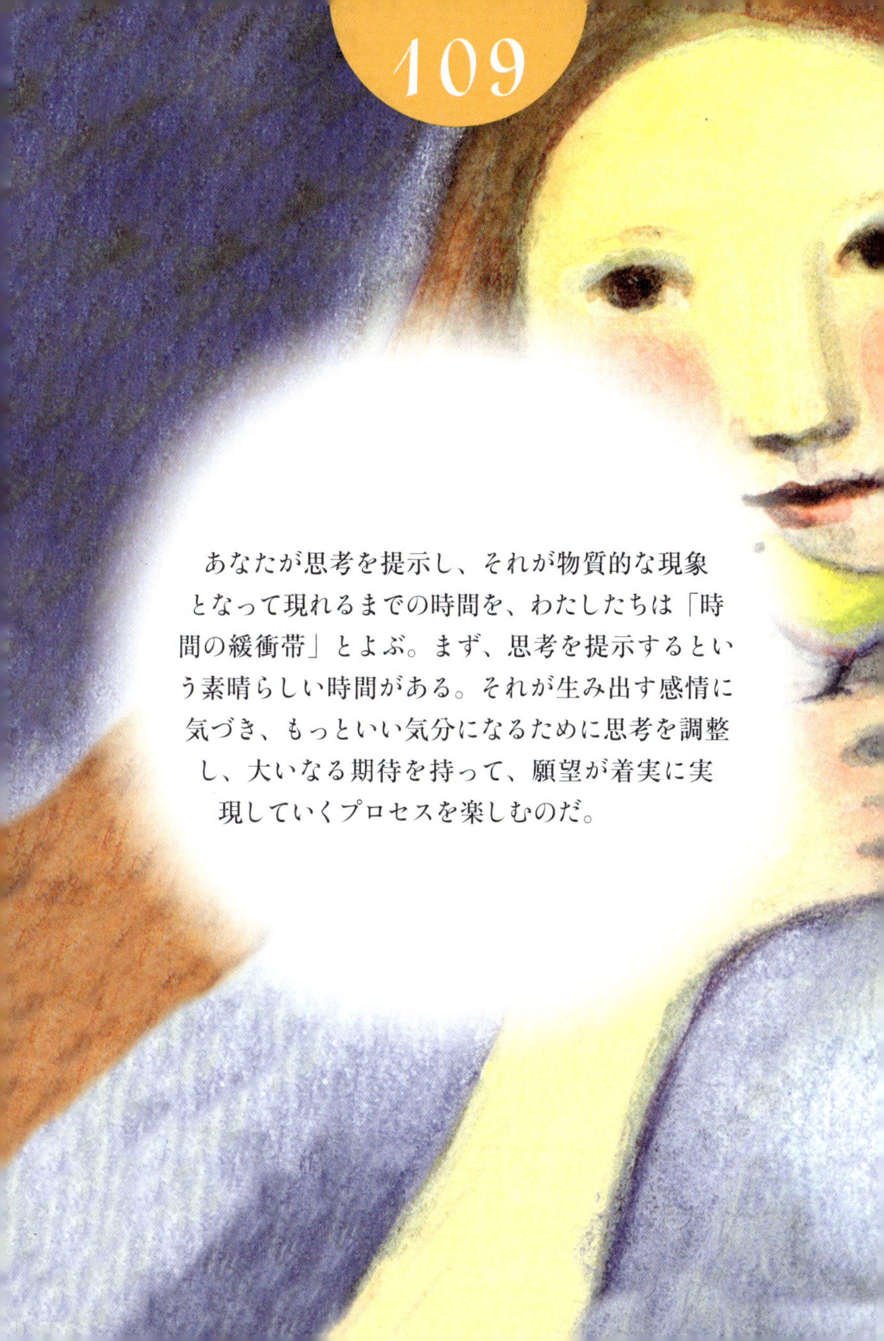

109

あなたが思考を提示し、それが物質的な現象となって現れるまでの時間を、わたしたちは「時間の緩衝帯」とよぶ。まず、思考を提示するという素晴らしい時間がある。それが生み出す感情に気づき、もっといい気分になるために思考を調整し、大いなる期待を持って、願望が着実に実現していくプロセスを楽しむのだ。

110

あなたがたが望むものを手に入れられない理由はない。望まないことを経験しなければならない理由もない。なぜなら自分の経験を完全にコントロールする力を持っているからだ。自分自身の人生経験をコントロールする力を持っていることを、あなたがたに知ってもらいたいのだ。自分が望んでいることとは別のことを経験しているとすれば、それは望んでいる以外のことに注意の大半を向けているからにほかならない。

111

「引き寄せの法則」はあなたの思考のバランスに常に従う。例外はない。あなたは欲しいかどうかにかかわりなく、頭のなかで考えることを現実として経験する。そのうち経験を積めば、「引き寄せの法則」が一貫していることを思い出すようになるだろう。それは決してあなたをごまかさない。決してあなたをあざむかない。決してあなたを混乱させない。「引き寄せの法則」は、あなたが提供する波動に正確に反応するからだ。

112

あなたが住む世界は幸せが基本になっている。あなたはそれを許容・可能にすることもできるし、拒絶することもできる。だが、基本は幸せだ。「引き寄せの法則」は、「それ自身に似たものを引き寄せる」。だから、あなたが何に注意を払おうが、その本質があなたの人生のなかに展開する。よって、あなたがなれないもの、できないこと、持てないものなど何もない。それが法則だ。

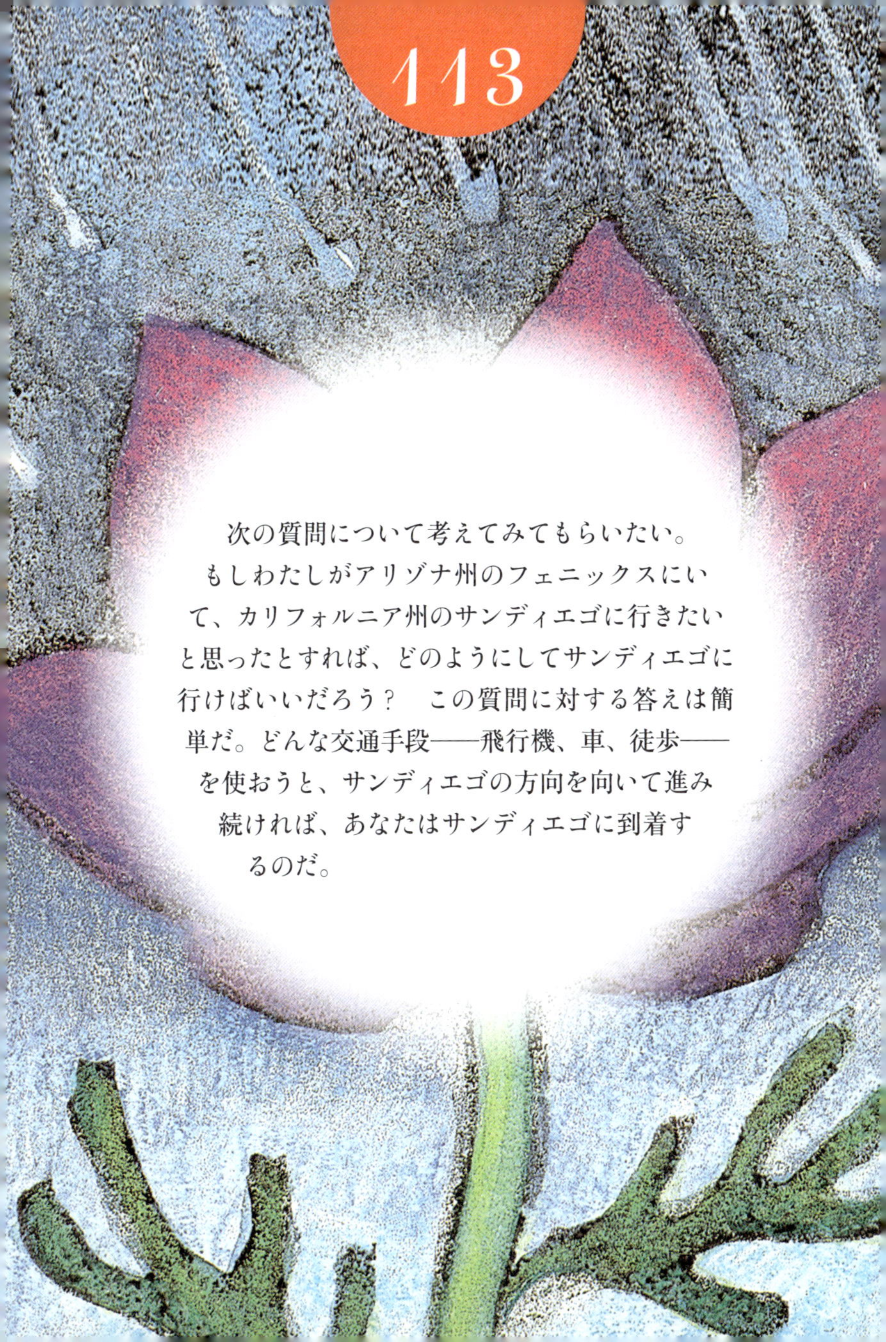

113

次の質問について考えてみてもらいたい。もしわたしがアリゾナ州のフェニックスにいて、カリフォルニア州のサンディエゴに行きたいと思ったとすれば、どのようにしてサンディエゴに行けばいいだろう？　この質問に対する答えは簡単だ。どんな交通手段――飛行機、車、徒歩――を使おうと、サンディエゴの方向を向いて進み続ければ、あなたはサンディエゴに到着するのだ。

114

感情がもたらす明晰さをいったん理解すれば、現在の思考で自分が何をしているかがわかるようになるだろう。この瞬間､自分が目標や望むところに向かって前進しているか、それとも目標からそれているのかを常に自覚するようになるだろう。自分がどう感じるかに自覚的になれば、それはあなたに明晰さをもたらすだろう。自分が望みの方向に向かっていることを知れば、少しはリラックスしてすてきな旅を楽しめるようになるかもしれない。

115

あなたは完璧だがいまだに拡大している世界のなかにいて、完璧だがいまだに拡大している存在である。あなたが拡大するのは当たり前のこと。あなたの時空の現実が拡大するのも当たり前のこと。この宇宙が拡大するのも当たり前のことである。自分自身の拡大に意識して意図的に参加するほうが、はるかにもっと満たされるだろう。

116

あなたが想像する能力を持っていれば、あるいは、考える能力を持っていれば、この宇宙はその対象をそっくりあなたに届ける力と資源を持っている。この宇宙はあなたが自由にできる、想像し得るかぎりのあらゆる食材を備えたキッチンのようなものだから。

117

自分が欲していないことを知る能力がなければ、自分が何を欲しているか知り得ないだろう。あなたの自然な好みが生まれるのは人生経験を通してである。実際、これらの好みはあなたという存在の多くのレベルで、日々、刻一刻とあなたからしみ出している。手入れの行き届いたあなたの身体の細胞でさえ、自分独自の経験を持ち、独特な好みを発散している。そして、すべての傾向や好みは、源《ソース》によって認識され、即座に応えられる。そのことに例外はない。

ここは拡大する宇宙であり、あらゆることが許されなければならない。言い換えれば、自分が望むものを理解し、経験したかったら、自分が望まないものを理解しなければならない。その両方を理解しないかぎり、選択して、焦点を当てることはできないからだ。

119

地球上のすべての物質的存在は、あなたと行う共同創造のパートナーである。そのことを受け入れ、信念や願望の多様性に感謝すれば、あなたがたは全員、もっと発展的な満足のいく経験をするようになるだろう。

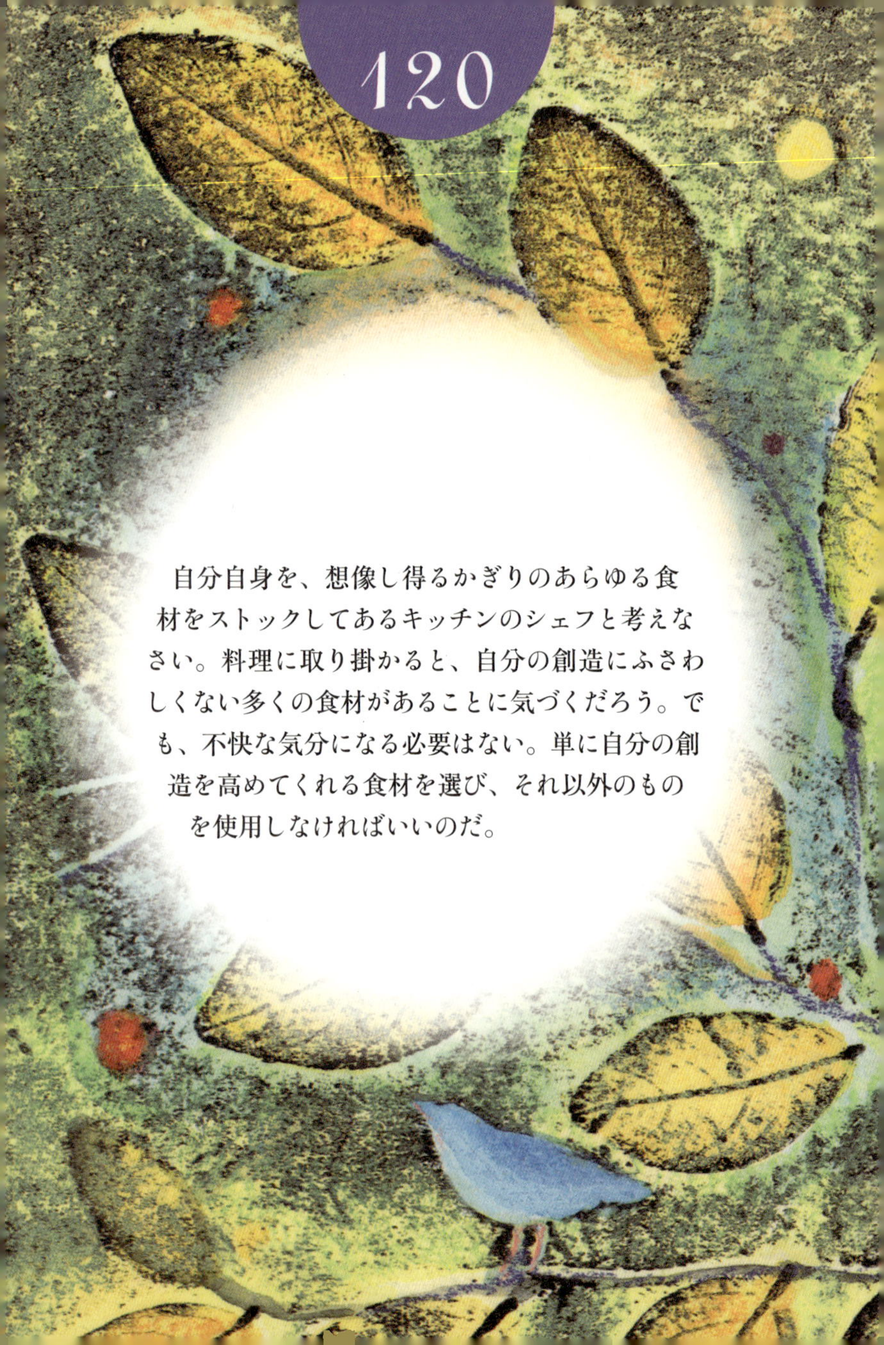

120

自分自身を、想像し得るかぎりのあらゆる食材をストックしてあるキッチンのシェフと考えなさい。料理に取り掛かると、自分の創造にふさわしくない多くの食材があることに気づくだろう。でも、不快な気分になる必要はない。単に自分の創造を高めてくれる食材を選び、それ以外のものを使用しなければいいのだ。

121

あなたは見えない世界の視点から、この拡大する宇宙のなかに、あらゆる種類の思考や経験を受け入れる十分な余地があることを理解した。あなたは自分自身の人生経験や創造をコントロールする意図を持っていた。だが、他人の創造をコントロールする意図は持っていなかった。

あなたの好みは、多様性やコントラストから生まれる。好みが決まった瞬間から、「引き寄せの法則」を通じて、それに見合うものの本質を自らのほうに引き寄せ始める。すると、即座に宇宙は拡大する。それが宇宙の拡大する仕組みであり、あなたがその拡大の最先端にいる理由である。意味のあるコントラストは際限なく新しい願望を生み出し続ける。願望が生まれるたびに、源《ソース》がそれに応える。それは延々と流れ続ける純粋で前向きなエネルギーの拡大である。

123

あなたは存在するのをやめることも、気づきをやめることもできないので、「すべてをやり遂げた」という境地に達することはあり得ない。あなたの気づきから常に別の問いが生まれる。そして、それぞれの問いは常に別の答えを要求する。あなたは永遠なる存在であり、拡大し続ける定めにあるのだ。その拡大の過程で、驚くべき喜びが生まれる可能性があるのだ。

124

コントラストはあなたのなかに新しい願望を誕生させる。新しい願望があなたから放出される。あなたが新しい願望の波動を放出すると、その都度その願望は応えられる。求めれば、与えられるのだ。このプロセスの完璧さについて考えてもらいたい。**自分の経験の質を高めたいという新しい考えが絶えずあなたから発せられ、応えられる。**あなたの環境のバランスと完璧さを感じてもらいたい。**すべての意識は、身体細胞の意識でさえ、より高い状態を求め、その願いをかなえることができるのだ。**

125

一つひとつの視点が重要である。あらゆる要求が受け入れられる。着実に拡大し続けるこの驚くべき宇宙は、あらゆる要求を満たす限りない資源を持っている。だから、問いの流れは途絶えることがなく、それに対する回答も終わることがない。それゆえ、いかなる競争も存在しない。

126

すべての願望は応えられる。すべての要求は認められる。応えられない者、愛されない者、満たされない者は誰もいない。自分のエネルギーの流れと調和して生きていれば、あなたは必ず勝利する。そのことによってほかの誰かが負けなければならないということはない。資源は常に十分にあるのだ。

127

誰かが求めているものを受け取れないのは、資源が不足しているからではない。欲求を持っている人間が自分自身の要求と調和していないからだ。不足や欠如といったものは存在しない。資源を争う競争などというものはない。あなたが求めているものを許容・可能にするか、しないかだけなのだ。

自分が行きたいところへと効率的に向かっていくためには、自分が今どの地点にいるかを知ることが極めて大切である。自分の旅を意図的に決定したかったら、自分が今いるところと行きたいところを両方理解する必要がある。

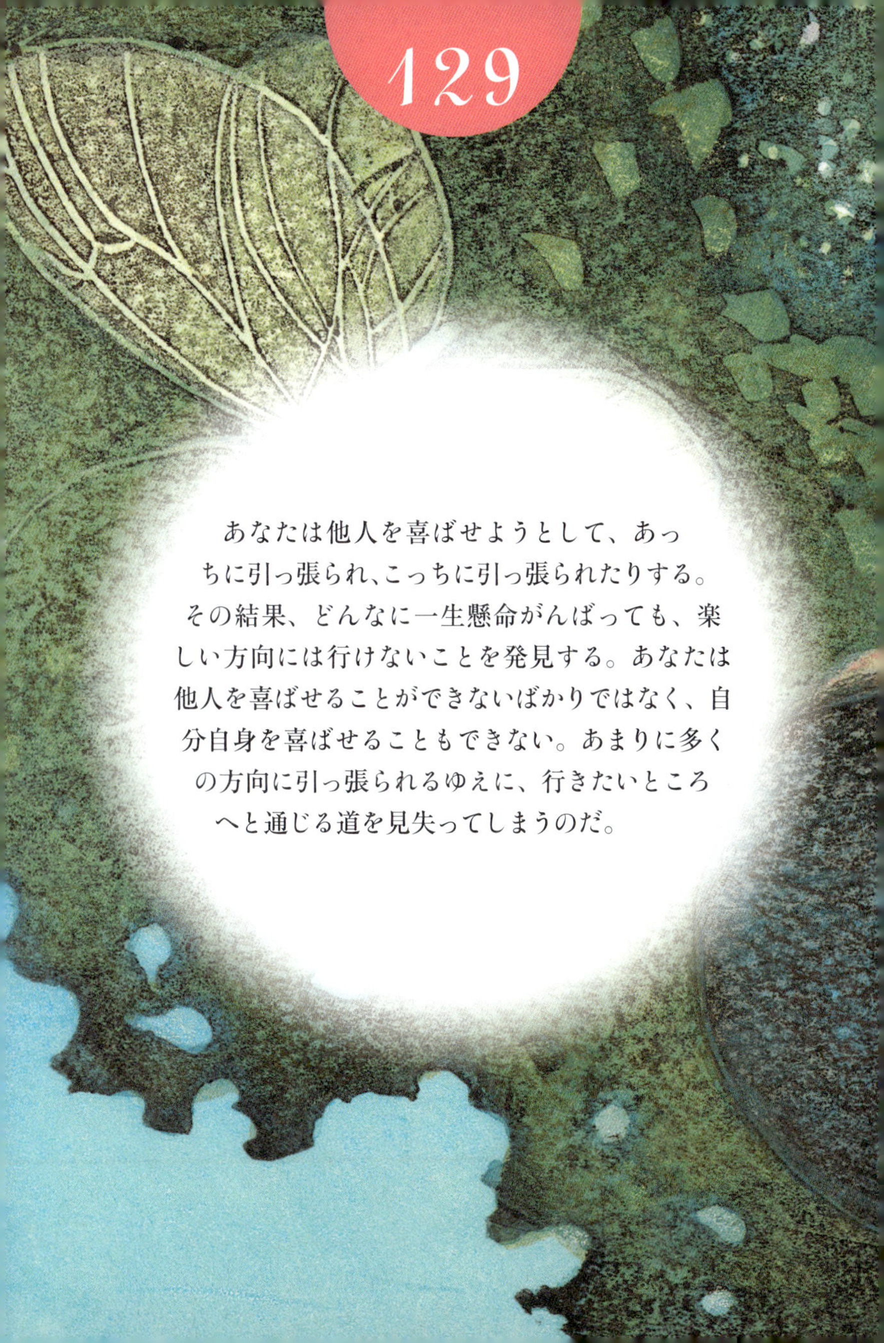

129

あなたは他人を喜ばせようとして、あっちに引っ張られ、こっちに引っ張られたりする。その結果、どんなに一生懸命がんばっても、楽しい方向には行けないことを発見する。あなたは他人を喜ばせることができないばかりではなく、自分自身を喜ばせることもできない。あまりに多くの方向に引っ張られるゆえに、行きたいところへと通じる道を見失ってしまうのだ。

130

あなたが他人に与えることができる最大の贈り物は、あなた自身の幸せである。あなたが喜びや幸せ、感謝の状態にあるとき、本当の自分である純粋で前向きなソースエネルギーの流れと完全につながっているからだ。あなたがソースエネルギーとつながった状態で、人や物に注意を向けると、対象になった人や物は必ずなんらかの恩恵を受ける。

131

あなたの幸せは他人の行いに依存していない。あなた自身の波動のバランスにもっぱら依存するのだ。他人の幸せはあなたの行いに依存しない。彼ら自身の波動のバランスにもっぱら依存するのだ。人が一瞬一瞬どう感じるかは、彼ら自身のエネルギーのミックスによって決まる。あなたがどう感じるかは、あなたの願望とあなたが出している波動とのバランスを示す単純明快な指標である。

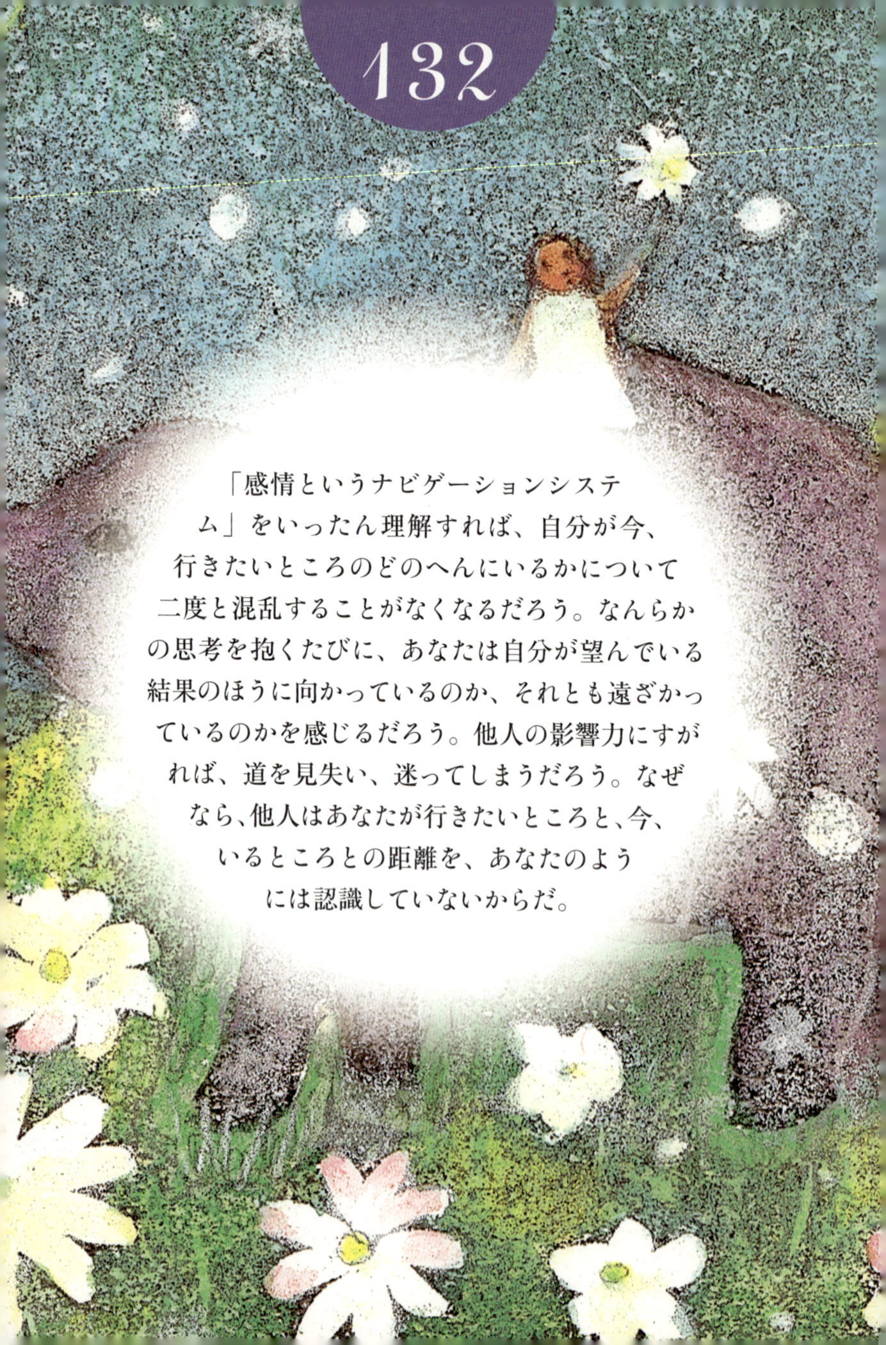

132

「感情というナビゲーションシステム」をいったん理解すれば、自分が今、行きたいところのどのへんにいるかについて二度と混乱することがなくなるだろう。なんらかの思考を抱くたびに、あなたは自分が望んでいる結果のほうに向かっているのか、それとも遠ざかっているのかを感じるだろう。他人の影響力にすがれば、道を見失い、迷ってしまうだろう。なぜなら、他人はあなたが行きたいところと、今、いるところとの距離を、あなたのようには認識していないからだ。

133

自分が欲しいものに注意を向けてイエスと言えば、あなたはそれを自分の波動のなかに取り込むことになる。自分が望まないことを見て、ノーと言ったとしても、やはりそれを自分の波動のなかに取り込むことになる。全然注意を払わなければ、それを取り込むことはない。だが、あなたは注意を向けているものを排除することはできない。注意を向けるということは、それを自分の波動のなかに取り込むことだからだ。例外はない。

あなたがどこにいようと、最終的に行き着くことができない場所などないように、あなたが最終的に抱けない思考などない。でも普段、あなたが考えている思考と大幅に波動が異なる思考に簡単に飛びつくことはできない。

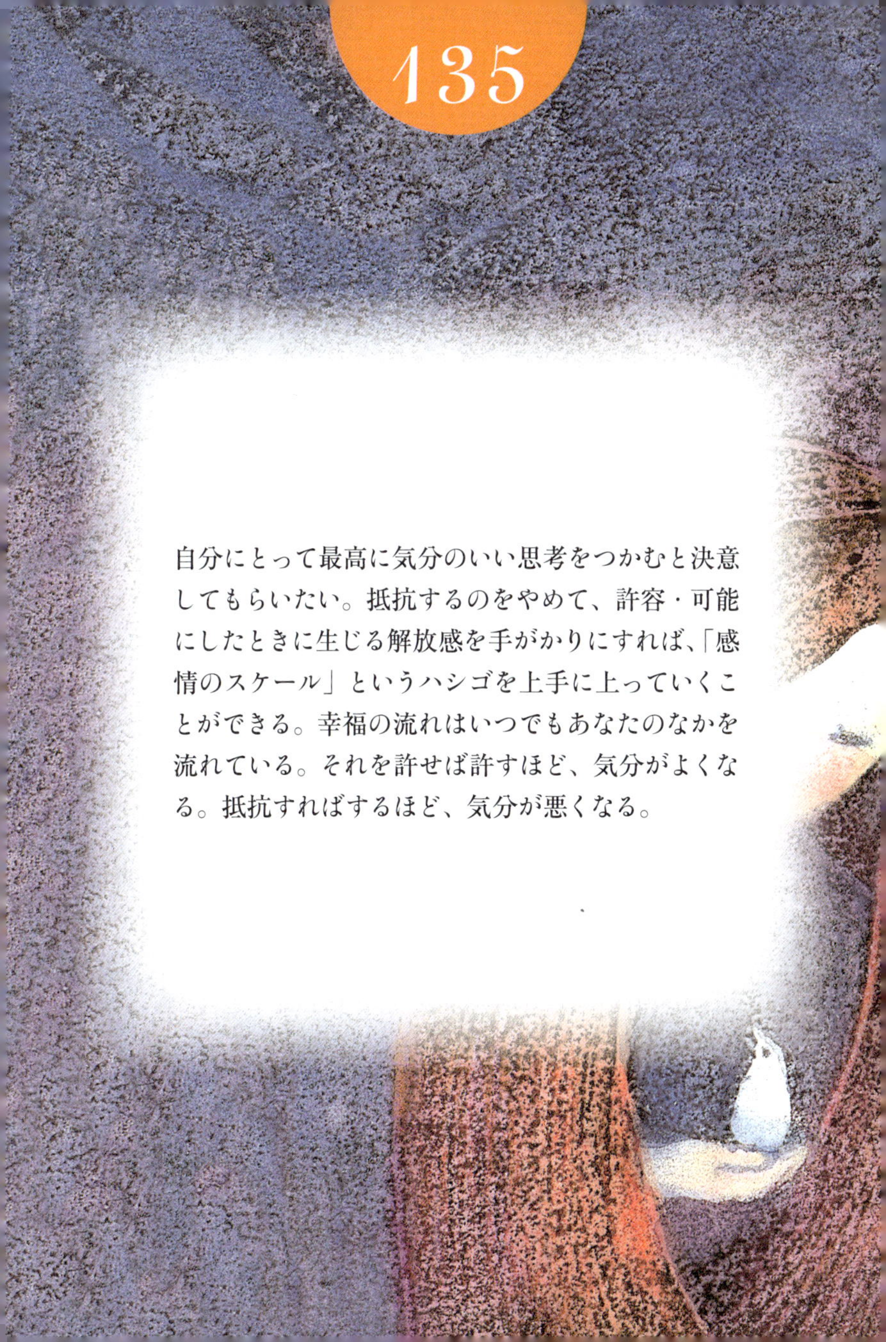

自分にとって最高に気分のいい思考をつかむと決意してもらいたい。抵抗するのをやめて、許容・可能にしたときに生じる解放感を手がかりにすれば、「感情のスケール」というハシゴを上手に上っていくことができる。幸福の流れはいつでもあなたのなかを流れている。それを許せば許すほど、気分がよくなる。抵抗すればするほど、気分が悪くなる。

136

思考を変えることによって逆転できないほどひどい状況はない。ただし、思考を変えるには集中と鍛錬が必要である。もしこれまでと同じようなことに焦点を当て、これまでと同じようなことを考え、これまでと同じようなことを信じ続ければ、あなたの人生は何も変わらないだろう。

137

じっと立ち止まったままでいるのは不可能である。あるいは、行き詰ったままでいるのは不可能である。生命のエネルギーは常に動いているからだ。物事は常に変化している。それなのに、立ち往生しているかのように感じるのは、あなたが同じ考え方を持ち続けているのに、物事が変化しているからだ。とはいっても、考え方を変えないかぎり、物事は堂々巡りをする。新たな展開が欲しかったら、考え方を変えなければならない。そのためには、なじみのあるテーマにアプローチするときでも、これまでとは違った方法を見つける必要がある。

138

他人はあなたの願望がどんな波動を持っているか理解できないし、あなたがいる場所がどんな波動を持っているか理解できない。したがって、どう転んでもあなたを導くことなどできない。たとえ彼らが最良の意図を持ち、あなたの絶対的な幸福を望んだとしても、それを実現する方法はわからない。また、彼らの多くが利他的であろうとしても、あなたが幸せになってほしいという願いを、自分自身の願望から切り離すのは不可能である。

139

求める者は誰でも与えられることを覚えていれば、自分のために選択することがいかに素晴らしく適切なことかがわかる。宇宙はあなたのために仲裁してくれる仲介者がいないときに最も効果的に働くからだ。あなたにとって何がふさわしいかは、誰にもわからない。自分にとって何がベストかあなたは常に知っている。

140

あなたが何かを欲し、それをまだ手に入れていないことに気づくとき、原因は自分の外にあるとあなたは考える。だが、そうではない。あなたが欲しいものを手に入れられないのは、あなたの思考習慣があなたの願望と異なっているからなのだ。

あなたは、自分が現実を生み出している
ことを知る前に、現実に直面するよう教えら
れた。それがあなたの生み出したい現実ではな
いなら、現実に直面してはならない。すべての「現
実」は、誰かがそれに焦点を当てて生み出したゆ
えにのみ存在するのだ。あなた自身の経験や他者
について集められた統計は、過去のエネルギー
の動きを表すものでしかない。厳密な今の
現実を表してはいないのだ。

あなたがたのなかで最も小さい者、すなわち赤ん坊でさえ、宇宙に向かって波動を出している。小さな子どもたちもあなたがたと同じように、周囲の人たちの波動に影響されるが、彼ら自身の現実を創造している。彼らもあなたがたと同じように、身体に宿ってから人生の創造を始めたのではない。身体に宿るずっと前に、現在、彼らが生きている人生経験をしこんだのだ。

143

時速 160km で車を走らせていて木に衝突したら、大惨事になるだろう。だが、時速たったの 8km で同じ木に衝突したら、結果はまったく違うだろう。車の速度をあなたの欲求の力と見なそう。言い換えれば、あなたが何かを望めば望むほど、また、長く自分の欲求に焦点を当てていればいるほど、エネルギーが素早く動くということだ。木は抵抗または矛盾した思考を表している。

144

あなたの願望は焦点を当てているコントラスト
トの自然な結果である。全宇宙は次の新しい願
望をひらめかせるために存在する。だから、自分
自身の願望を避けようとするのは、宇宙の力に逆
行しようとすることである。この宇宙では、次々
に願望を抱き続けることほど自然なことはない。

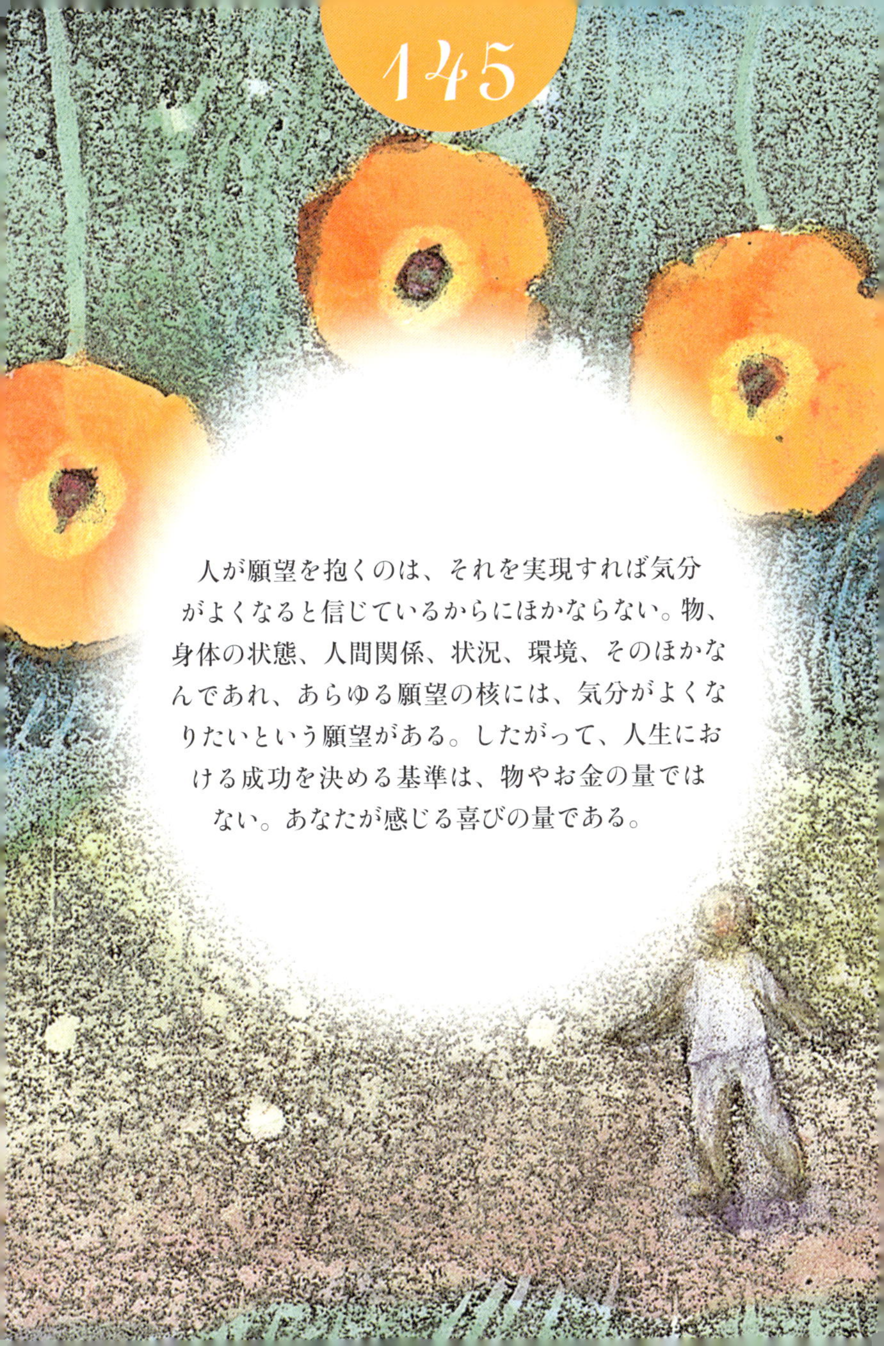

145

人が願望を抱くのは、それを実現すれば気分がよくなると信じているからにほかならない。物、身体の状態、人間関係、状況、環境、そのほかなんであれ、あらゆる願望の核には、気分がよくなりたいという願望がある。したがって、人生における成功を決める基準は、物やお金の量ではない。あなたが感じる喜びの量である。

感謝と自己愛はあなたが育むことができる最も大切な要素だ。他人への感謝や自分自身への感謝は、わたしたちがこの宇宙の至るところで目撃してきた、すべてのもののソースエネルギーに最も近い波動を持っている。

147

誰かを批判したり、自分自身の欠点を見つけたりすると、気分がよくない。批判の思考はあなたの源《ソース》の思考とは著しく異なるからだ。つまり、本当の自分に合わない思考を選んだために、この瞬間、あなたは感情を通して、自分の選択との不調和を感じることがあり得る、ということだ。

148

わたしたちは自己中心
主義を教える。なぜなら、自分
のソースエネルギーと意図的に調和で
きるぐらい自己中心的でなければ、他人に
何も与えられないからだ。一部の人はこんな
心配をする。「もし自分が自己中心主義で自分の
望みを達成したら、不当にも他人から望みのもの
を奪ってしまうことにならないだろうか？」しかし、
そのような考えは、わたしたちが手に入れられる
豊かさには限界があるという誤った観念に基づい
ている。彼らは、パイを食べすぎると、ほかの
人が食べるぶんがなくなってしまうのではな
いかと心配するが、現実には、**全員が
要求の波動を出すと、それに比例
してパイは拡大するのだ。**

「自己中心主義的な人間は意図的に他人を傷つけるのではないか」と心配する人がいる。だが、ソースエネルギーにつながっている人が、他人に害を及ぼしたいと願うことなどあり得ない。それらの波動は両立しないからだ。

150

地球上のすべての人間が自分自身のソースエネルギーとつながっているなら、攻撃など存在しないだろう。嫉妬も不安も不快な競争心も存在しないからだ。すべての人が自分自身の存在の力を理解したら、他者をコントロールしたいとは思わないだろう。不安や憎悪は本来の自分とのつながりを失うことから生じる。自己中心主義的な幸せとのつながりは、幸せしかもたらさないのだ。

151

あなたが素晴らしい経験をするために、あなたがここで学んでいることをほかの人全員が（あるいは誰かほかの人が）理解する必要はない。あなたが自分は何者であるかを思い出し、それと調和する思考に意図的に手を伸ばせば、あなたの世界も波長を合わせるようになるだろう。その結果、人生のあらゆる領域で、うまくいくようになるだろう。

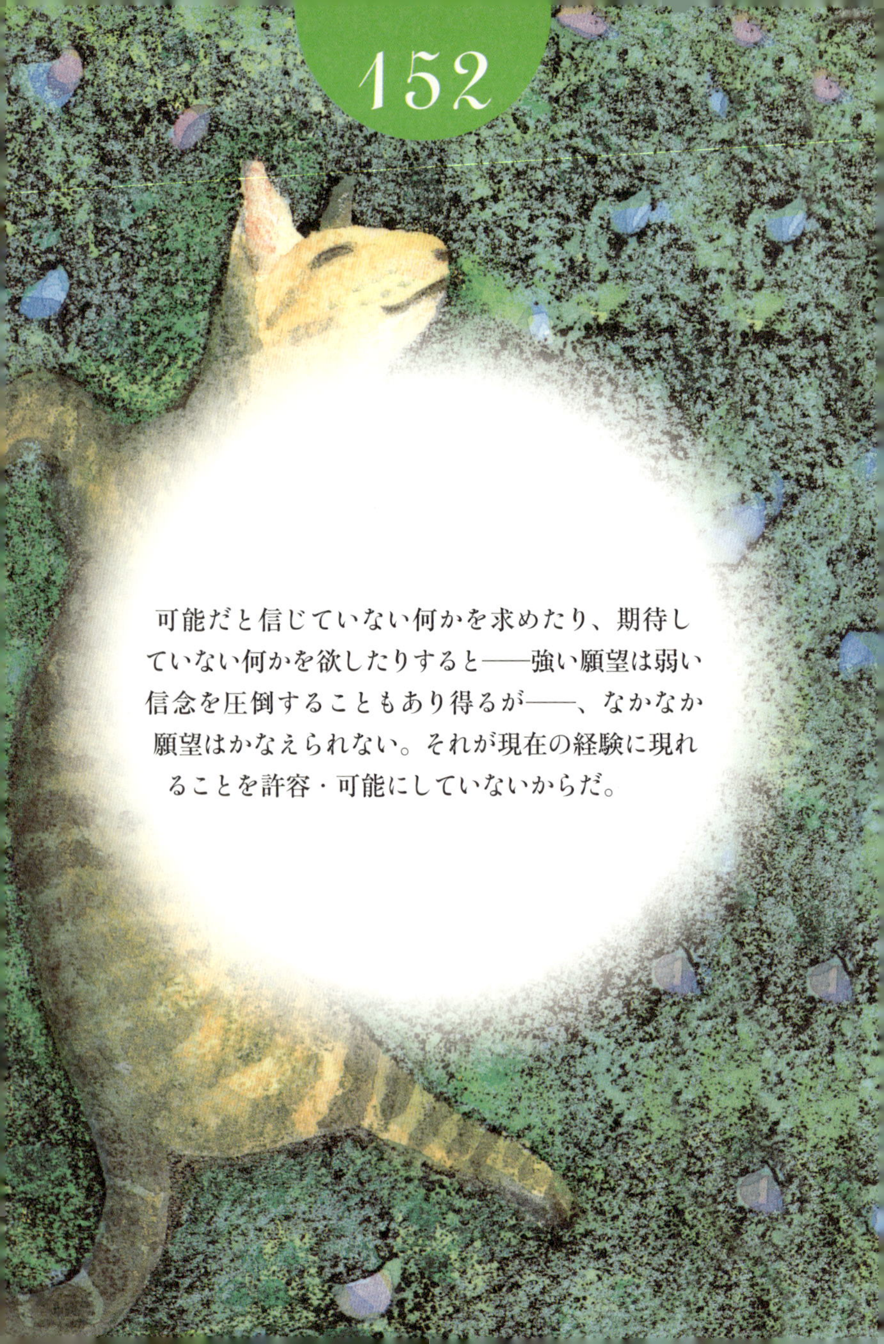

152

可能だと信じていない何かを求めたり、期待していない何かを欲したりすると――強い願望は弱い信念を圧倒することもあり得るが――、なかなか願望はかなえられない。それが現在の経験に現れることを許容・可能にしていないからだ。

153

自分が期待していないものを求めるのは、あまり気分がいいものではない。ところが、不幸なことに、そうした不快な気分が願望するときの気持ちだと勘違いしている人が多い。彼らも若いときは、新鮮な期待に裏打ちされた純粋な願望というものを知っていたはずなのだが、忘れてしまっているのだ。純粋な願望というものは常にみずみずしく、楽しいものである。なぜなら、それはあなたの目の前に繰り広げられる波動を表しているからだ。そしてその波動はまだ見ぬ未来へとつながり、「引き寄せの法則」が出来事を引き寄せる道を準備している。

154

「あなたはどうしてあっちに行きたいの？」と尋ねると、人はよく、「今、立っているところは幸せではないから」と答える。そんなときわたしたちはこう説明する。「〈あっち〉とはどこかをよく考え、〈あっち〉に行くとどう感じるかを感じてみなさい」〈あっち〉についてあれこれ考えている間は、〈あっち〉に行き着くことはできない。

155

あなたが現在立っているところについて考えたり、話したりすることに慣れているとすれば、突然、自分の波動を変え、まったく異なることを考えたり、感じたりするのは簡単ではない。実際、自分が出している波動とあまりにかけ離れた思考や感情にはアクセスできないと「引き寄せの法則」は言っている。だが、ある程度努力すれば、あなたの手の届くところにあるもっと気分のいい思考を見つけることはできるだろう。

156

もっと気分がよくなろうと決心すれば、テーマを変えることによって、気分のいい波動を持ったほかの思考を見いだすことができるだろう。だが、波動の切り替えは、普通、ゆっくりしたプロセスである。実際、「引き寄せの法則」に逆らって、低い波動から高い波動へ無理な跳躍を試みようとすると、落胆することにしかならない。その結果、人々は自分自身の人生をコントロールできないと結論する。

2、3秒、ある対象に注意を向けているだけで、「引き寄せの法則」が作用し始める。何かに焦点を当てて、17秒もしないうちに、それに見合う波動が活性化される。あなたが繰り返し純粋思考に戻り、少なくとも68秒間それを維持し続ければ、短時間（ある場合には数時間、数日というケースもある）のうちに、その思考が優勢な思考となる。いったん優勢な思考を持つようになると、それに見合ったものが人生に現れてくるようになるだろう。それはあなたが思考を変えるまで続く。

158

思考について心配する理由はない。思考は、瞬間的に強烈な破壊をもたらす弾丸をこめた銃と違うからだ。「引き寄せの法則」は強力だが、あなたの経験のベースにあるのは幸せである。あなたの思考は磁力を持っており、あなたの注意といっしょに拡大する。だが、ネガティブな感情を自覚したら、すぐにより抵抗の少ない思考を選ぶことによって、気持ちの切り替えをする余裕は常にある。

159

自分自身のソースエネルギーと完全に調和すれば、
次のようなことがわかるようになる。

・わたしは自由である
・わたしはパワーを持っている
・わたしは善良である
・わたしは愛すべき人間である
・わたしは価値を持っている
・わたしは目的を持っている
・すべてはうまくいっている

感情のスケールは、だいたい次のようなものになるだろう。

1 喜び、知恵、力、自由、愛、感謝
2 情熱
3 熱意、積極性、幸せ
4 前向きな期待、信念
5 楽観主義
6 希望
7 満足
8 退屈
9 悲観主義
10 欲求不満、いら立ち、焦り
11 「圧倒」
12 失望
13 疑い
14 心配
15 非難
16 落胆
17 怒り
18 復讐
19 憎悪、激怒
20 嫉妬
21 不安、罪悪感、無価値感
22 恐れ、悲しみ、憂うつ、絶望、無力感

161

ただし、感情につける言葉のラベルはそれを感じる人全員にとって正確だとは限らない。実際に感情に言葉のラベルをつけると、混乱を引き起こすこともあり得る。最も重要なのは、より気分のいい感情を意識的に探すということである。感情をどうよぶかはさして重要ではない。

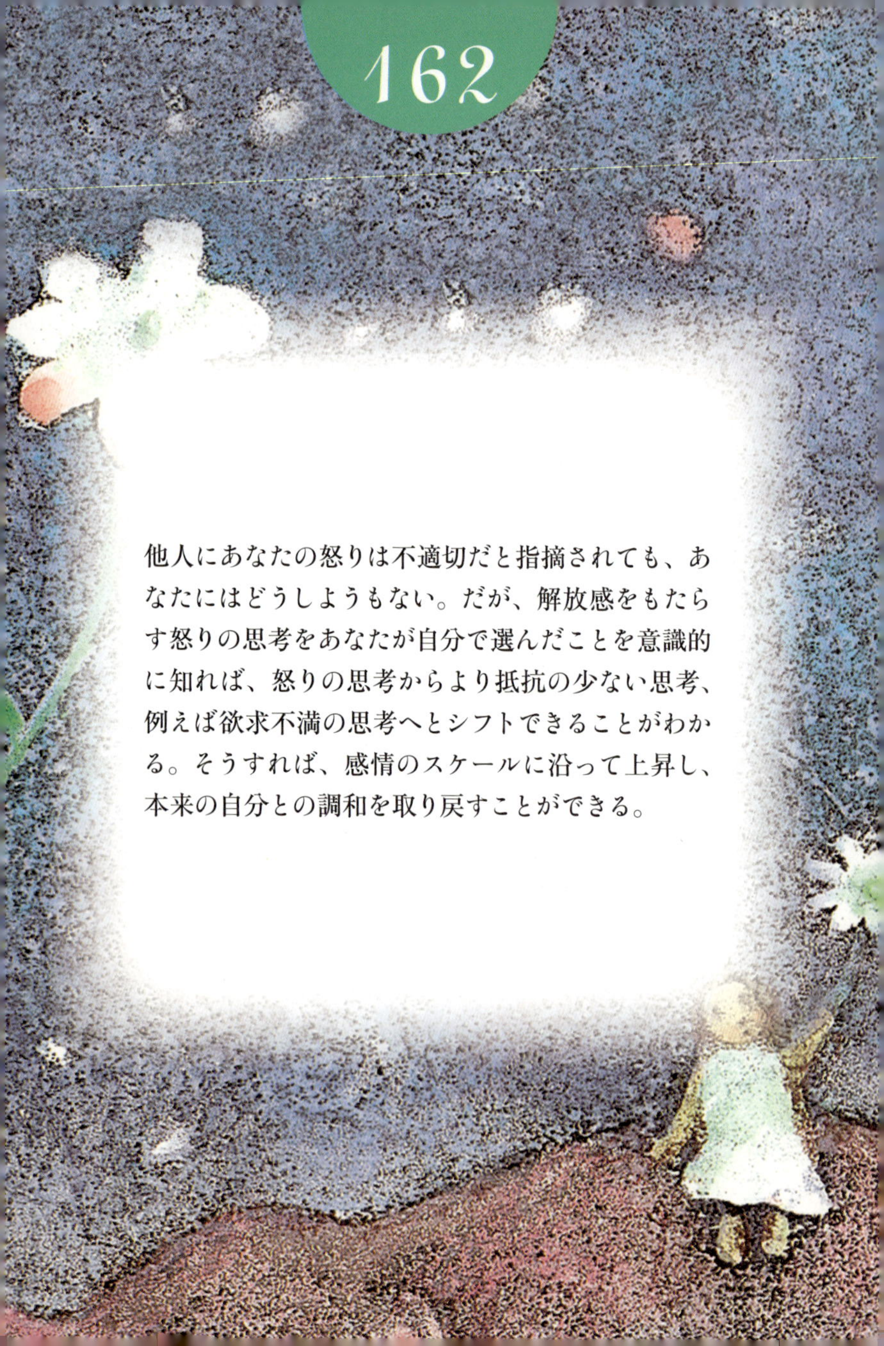

162

他人にあなたの怒りは不適切だと指摘されても、あなたにはどうしようもない。だが、解放感をもたらす怒りの思考をあなたが自分で選んだことを意識的に知れば、怒りの思考からより抵抗の少ない思考、例えば欲求不満の思考へとシフトできることがわかる。そうすれば、感情のスケールに沿って上昇し、本来の自分との調和を取り戻すことができる。

163

たとえごくわずかでも自分の感じ方を意図的に改善できれば、それはとても価値のあることである。少しの改善でも、それはあなたがコントロールする力を取り戻しつつあることを意味するかもしれないからだ。コントロールする力はまだ完全ではないかもしれないが、あなたはもはや無力だとは感じないだろう。それゆえ、感情のスケールというハシゴを上ることが可能になるだけではなく、それが比較的容易になるだろう。

あなたが選んだ怒りという思考があなたにとって前向きの選択なのかどうか、あなた以外の人物にはわからない。自分の抱いた思考が適切かどうかわかるのはあなただけである。適切な場合、あなたはホッとする。感情によって自分自身をガイドする決心をするまで、自分自身の願望に向かって着実に進んでいくことはできない。

165

自分にはパーソナルパワーやコントロールする力があるという素晴らしい感覚を取り戻すための鍵は、今いい気分だろうが悪い気分だろうが、最善を尽くすことを直ちに決意することである。今、アクセスできる最高の感情を求めてもらいたい。繰り返しそれを行えば、短期間のうちに、気分のいい場所にいる自分を見いだすだろう。それが自分の力を取り戻す方法なのだ！

願望は多くの人にとって、渇望のように感じられる場合が多い。というのも、彼らは経験したいことや所有したいものに焦点を当てながら、それが欠けていることを意識するからだ。つまり、彼らは願望という言葉を使いながら、「欠落の波動」を出しているのだ。彼らは、願望という感情が、持っていないものを欲しがることに似ていると考えるようになる。だが、純粋な願望には、欠けているという感覚がない。**求めれば、常に与えられるということを心に留めておけば、あなたの願望は純粋で抵抗のないものになるだろう。**

167

わたしたちにこんなことを言う人たちがいる。「エイブラハム、わたしはいかなる願望を持つのも適切ではないと教えられてきました。願望は、わたしが『スピリチュアルな存在』になるのを妨げると教えられてきたんです。わたしが幸せになれるかどうかは、あらゆる願望を手放す能力にかかっていると」それに対して、わたしたちはこう答える。「だが、幸せな状態やスピリチュアルな状態を求めるのも、一つの願望ではないのだろうか？」

168

願望が手の届かないぐらい大きく感じられるとき、それは現実化する途上にはない。単なる次の論理的ステップであるかのように感じられるときには、現実化する途上にある。

169

宇宙の力があなたの望むものをもたらしてくれるのを許容・可能にする波動をあなたが出しているかどうかは、あなたがどう感じるかによって推し量ることができる。熟練すれば、あなたの願望がまさに現実化する一歩手前にあるのか，いまだ実現する途上にあるのかがわかるようになるだろう。だが、最も重要なのは、いったん自分の感じ方をコントロールするようになれば、それをすべて楽しめるようになる、ということなのだ。

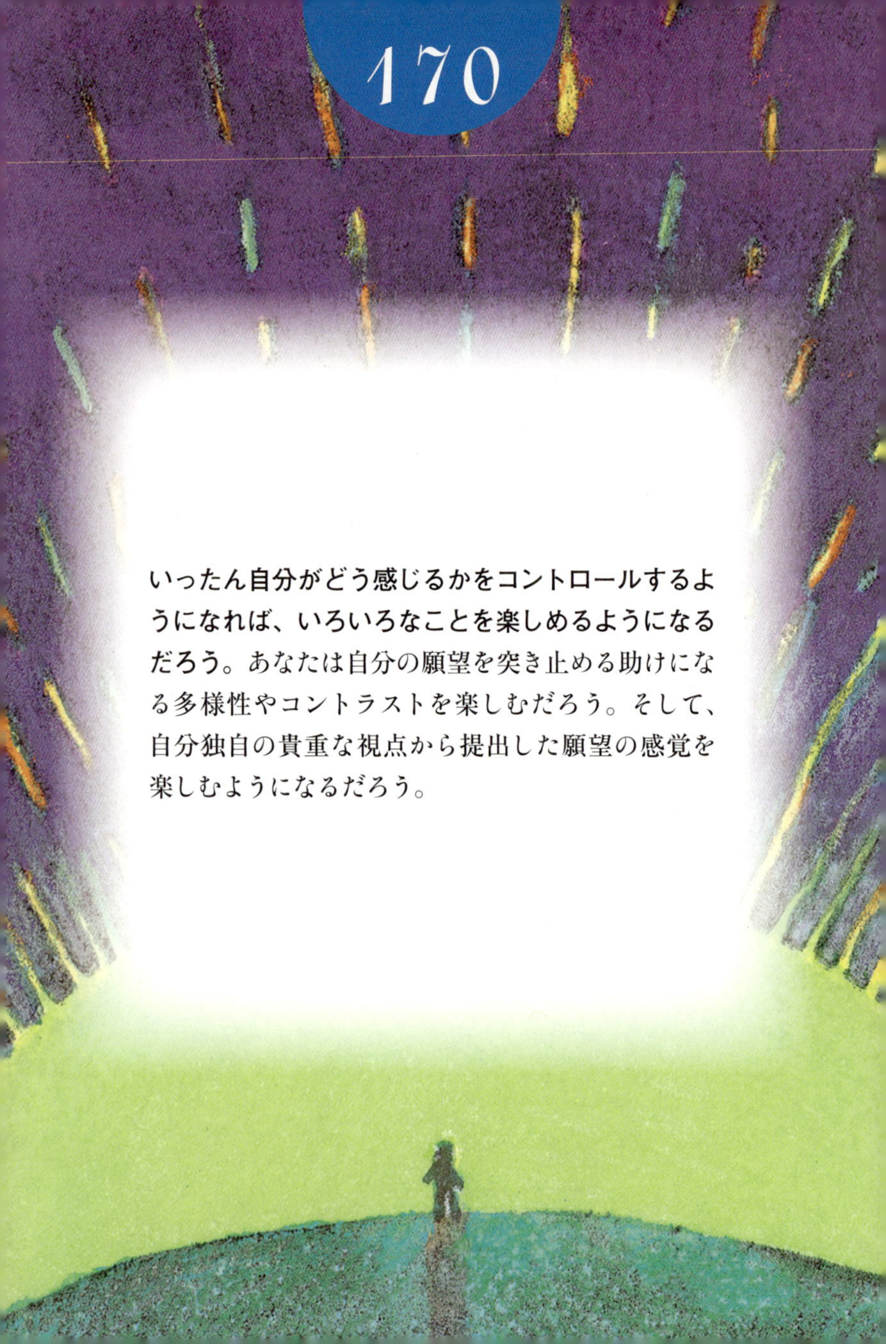

170

いったん自分がどう感じるかをコントロールするようになれば、いろいろなことを楽しめるようになるだろう。あなたは自分の願望を突き止める助けになる多様性やコントラストを楽しむだろう。そして、自分独自の貴重な視点から提出した願望の感覚を楽しむようになるだろう。

171

いったん自分がどう感じるかをコントロールするようになれば、いろいろなことを楽しめるようになるだろう。もしあなたが自分自身の願望と波長が合っていないと感じたとしても、その感覚を意識的に楽しむだろう。そして、自分自身を意図的に願望と調和させる感覚を楽しむだろう。

172

いったん自分がどう感じるかをコントロールするようになれば、いろいろなことを楽しめるようになるだろう。疑いが消え去り、だいじょうぶだという安心できる感覚がとって代われば、あなたはホッとするだろう。

173

いったん自分がどう感じるかをコントロールするようになれば、いろいろなことを楽しめるようになるだろう。あなたは今まさに起ころうとしていることを感じる喜びを味わうだろう。また、物事が収まるべきところに収まるのを見る喜びを味わい、自分の願望が現実になるのを目撃することを楽しむだろう。

いったん自分がどう感じるかをコントロールするようになれば、いろいろなことを楽しめるようになるだろう。あなたは手で粘土をこねて像を作るように、意図的に願望に形を与えて現実化したことを自覚し、楽しくなるだろう。

175

いったん自分がどう感じるかをコントロールするようになれば、いろいろなことを楽しめるようになるだろう。あなたは自分自身の経験の果実に何度も繰り返し波長を合わせるときに感じる感覚を楽しむだろう。

176

全宇宙は新しい生命をもたらす願望をあなたのなかに生み出す。自分自身の願望の流れに従えば、あなたは本当に生きていると感じ、正直な生き方をするだろう。

177

エイブラハムの教えをここまで深く学んできた今、あなたはずっと知っていた多くのことを思い出しただろう。今や自分がソースエネルギーの延長であること、そして、自分が物質的な身体に宿り、この最先端の時空世界に誕生したのは、既存の思考を超える思考を生み出す楽しみを享受するためであることを思い出しただろう。

178

自分が感情というナビゲーションシステムを持っていることも思い出したはずだ。その助けを借りれば、源《ソース》とのつながりをどの程度自分が許容・可能にしているかを刻一刻と知ることができるのだ。

気分よく感じれば感じるほど、本当の自分と調和している証拠であり、反対に、気分が悪ければ悪いほど、本来の自分との重要なつながりを許容・可能にしていない証拠であることも思い出しただろう。

自分には、なりたくてもなれないもの、したくてもできないこと、持ちたくても持てないものなど何もないことも思い出したはずだ。また、あなたの優勢な願望が、気分がよくなることならば、そしてもしあなたが自分のいるところを最高の場所にしたいのならば、自然な喜びの状態に到達しなければならないことも思い出しただろう。

自分が自由である（実際、あまりに自由すぎて、束縛を選ぶこともあり得る）ことも思い出しただろう。また、あなたの身に起こるすべてのことが、あなたの考える思考に対する反応であることも思い出したはずだ。

さらにあなたは、過去、現在、未来のいずれを考えるにせよ、自分の引き寄せの作用点に等しい波動を送り出していることを思い出したはずだ。

あなたはまた、「引き寄せの法則」が常に公平であり、不公平は存在しないことを思い出しただろう。あなたの身に起こることはすべて、思考によってあなたが発している波動に対する反応として起こっているのだ。

最も重要なのは、幸福があなたの世界の基盤であり、それを拒絶する何かをしないかぎり、自分が幸せになることを、あなたが覚えていることだ。あなたは許容·可能にすることも、拒絶することもできるが、流れているのは、幸福、豊かさ、明晰さ、そのほかよいことだけなのである。

185

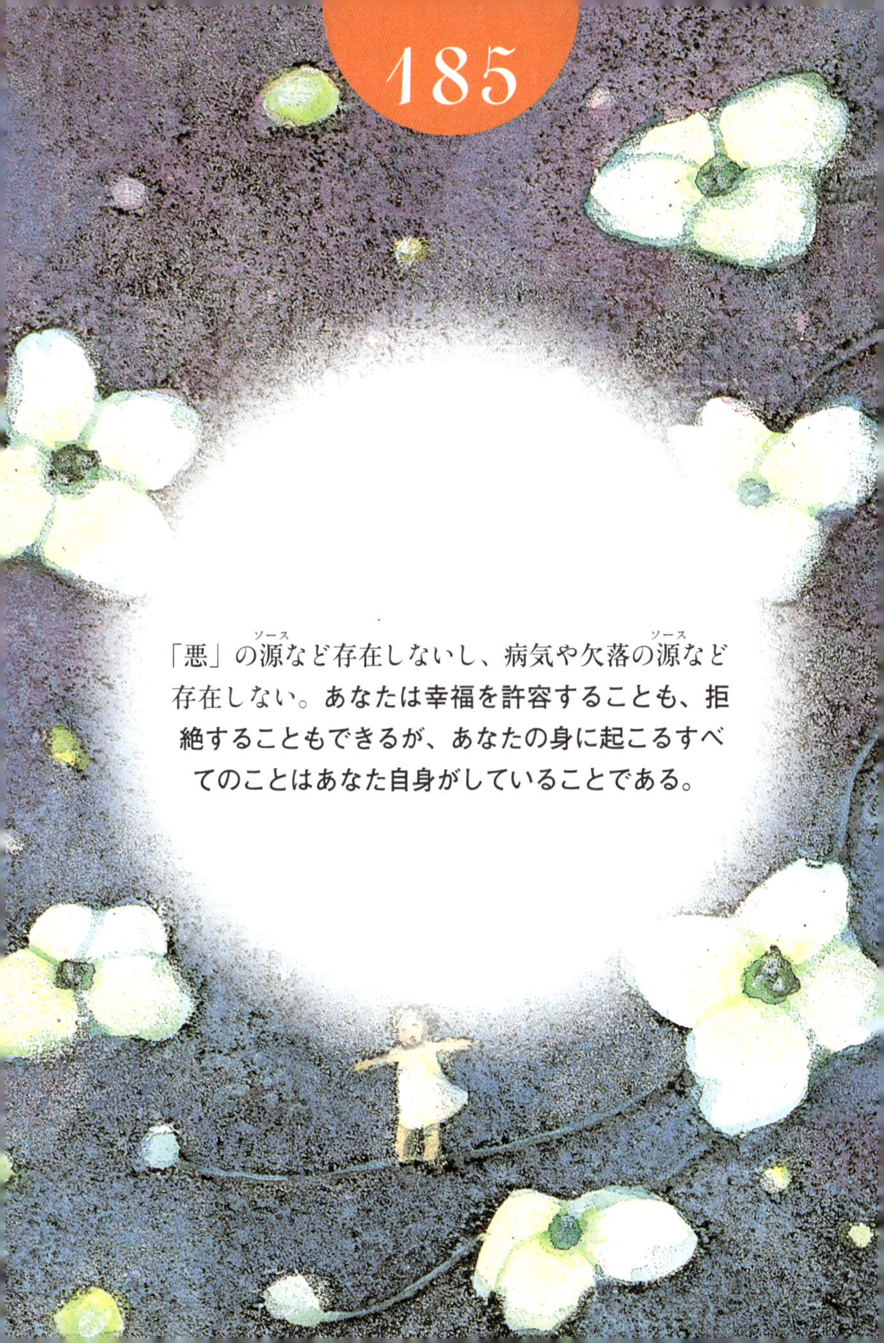

「悪」の源《ソース》など存在しないし、病気や欠落の源《ソース》など存在しない。あなたは幸福を許容することも、拒絶することもできるが、あなたの身に起こるすべてのことはあなた自身がしていることである。

186

あなたの人生に改善したいところがあるなら――自分の人生に欠けているもので、招き入れたいと思っているものや、手放したいと思っている余分なものがあるなら――エイブラハムの教えは、あなたにとって計り知れない価値を持つ。

望みのものが入ってくるのを許容・可能にすることを妨げているのは、抵抗の波動を出すあなたの習慣である。あなたは意図的にそうした抵抗パターンを発達させたのではなく、さまざまな経験を通して徐々に身につけてきたのだ。ただ、これだけははっきりと言える。「異なった波動を出す何かをしなければ、あなたの経験は何も変わらないだろう」

188

あなたは一度に抵抗パターンを発達させたのではなかった。同じように、一度にそれらを手放すことはないだろう。だが、やがては手放すだろう。「引き寄せの法則」のプロセスをうまく活用すれば、日々の暮らしのなかで、あなたは徐々に、だが着実に、自分自身の自然な幸福が流れ込んでくるのを許容・可能にする人間に戻っていくだろう。

あなたを見守っている人たちは、あなたの経験のなかで起こっていることや、あなたが周りに振りまいている喜びを見て驚くだろう。そして、あなたは、本来の自信と確信を持って説明するだろう。「わたしは自分にとって自然な幸せが流れ込んでくるのを許容・可能にする方法を学んだのだ。そして、幸せを許容・可能にする術を習得したのだ」と。

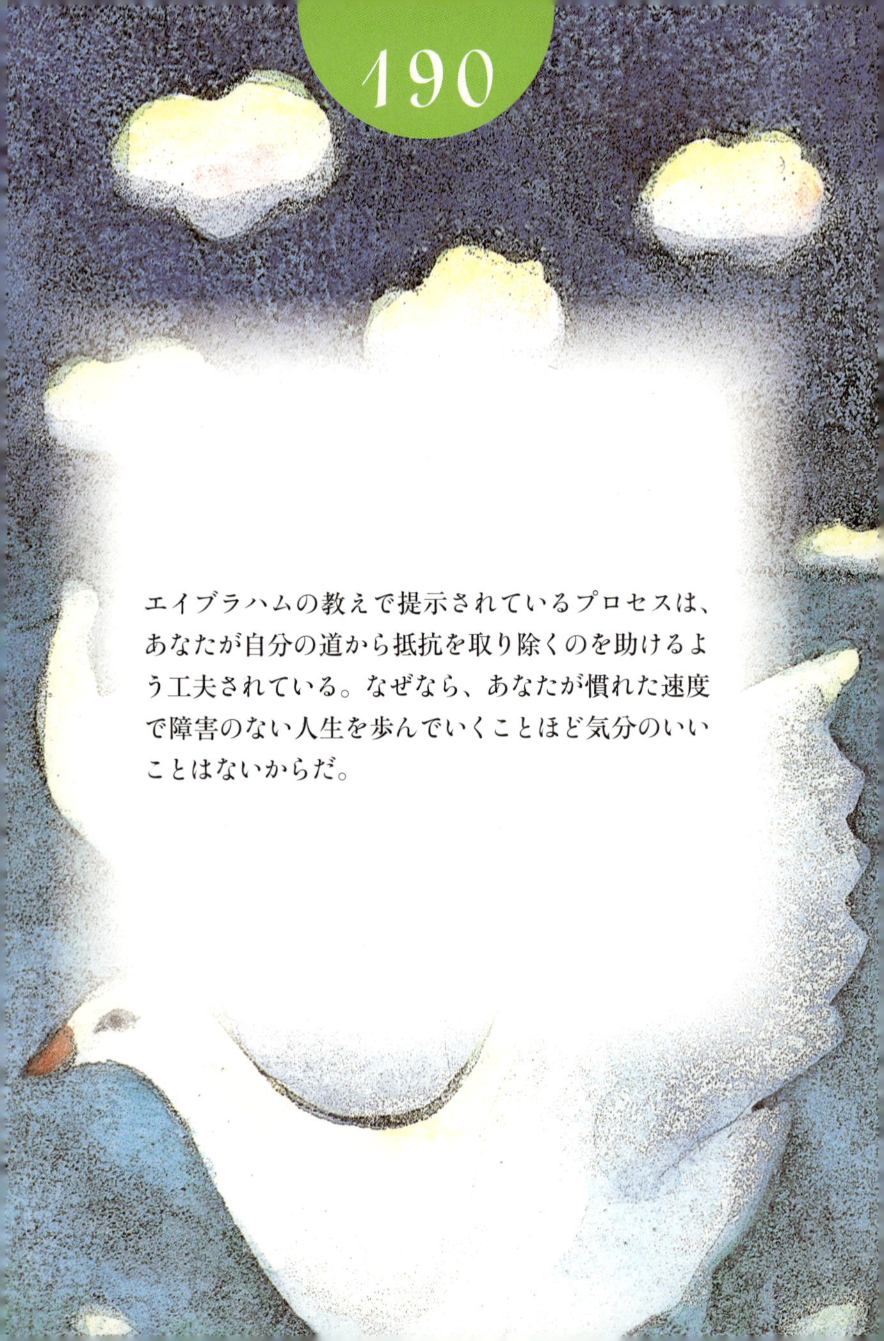

エイブラハムの教えで提示されているプロセスは、あなたが自分の道から抵抗を取り除くのを助けるよう工夫されている。なぜなら、あなたが慣れた速度で障害のない人生を歩んでいくことほど気分のいいことはないからだ。

191

この本では、「引き寄せの法則」を活用するためのさまざまなプロセスを紹介している。それらのプロセスのいずれかを適用する前に、あなたが認識すべき最も大切なことは、自分が今、どう感じており、どう感じたいかということである。プロセスを試すには、あなたの出している波動が、望んでいるものの波動からあまりかけ離れていないことが大切である。自分の感情を見てみれば、その判断がつく。

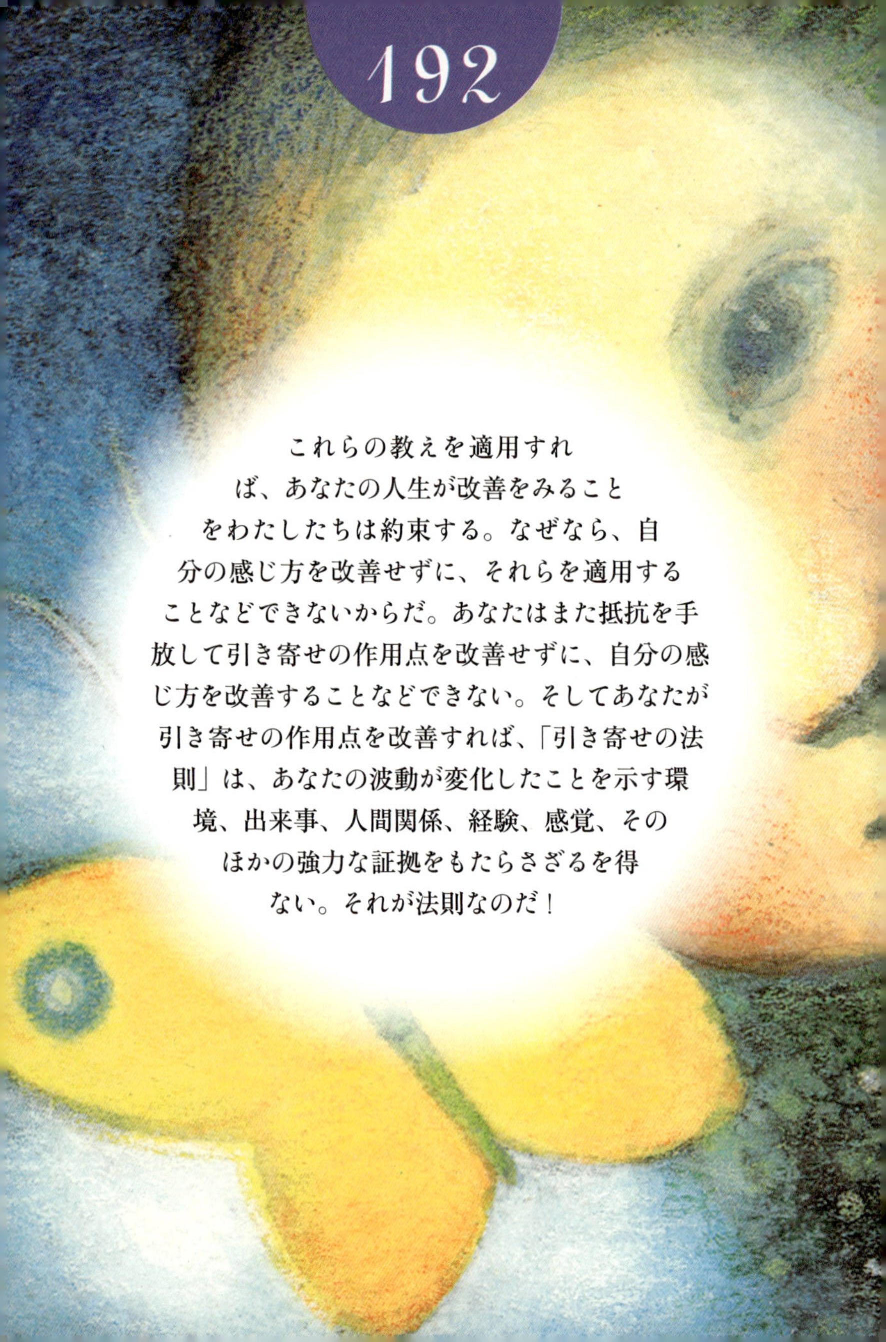

192

これらの教えを適用すれば、あなたの人生が改善をみることをわたしたちは約束する。なぜなら、自分の感じ方を改善せずに、それらを適用することなどできないからだ。あなたはまた抵抗を手放して引き寄せの作用点を改善せずに、自分の感じ方を改善することなどできない。そしてあなたが引き寄せの作用点を改善すれば、「引き寄せの法則」は、あなたの波動が変化したことを示す環境、出来事、人間関係、経験、感覚、そのほかの強力な証拠をもたらさざるを得ない。それが法則なのだ！

193

これらの教えはあなたが本来の自分であるエネルギーとのつながりを再調整するのを助けるために考案されてきた。その調整のプロセスで、あなたは自分の自然な喜びの状態に戻っていくだろう。そしてもちろん、願望の実現が促進されるという二次的効果もあるだろう。

194

あなたは熱を感じなくするために、指先を無感覚にするようなことはしない。また、ガス欠を見るのが嫌だからといって、車の燃料指示器に「ハッピー・フェイス」のステッカーを貼ったりはしない。それと同じで、自分自身の感情を覆い隠し、偽の感情を感じているふりをしたいとは思わないだろう。そのようなふりをしても、あなたの引き寄せの作用点は変わらないからだ。それを変える唯一の方法は、自分が出す波動を変えること。そうすれば、あなたの感じ方も変わる。

195

過去の出来事を思い出しているとき、あなたはエネルギーを集中している。未来に起こり得ることを想像しているとき、あなたはやはりエネルギーを集中している。そしてもちろん、今、何かを観察しているとき、あなたはエネルギーを集中している。あなたが過去、現在、未来のいずれに焦点を当てていようと、エネルギーを集中していることには変わりがない。あなたが何かに焦点を当てれば、引き寄せの作用点になる「波動」があなたから放出されるのだ。

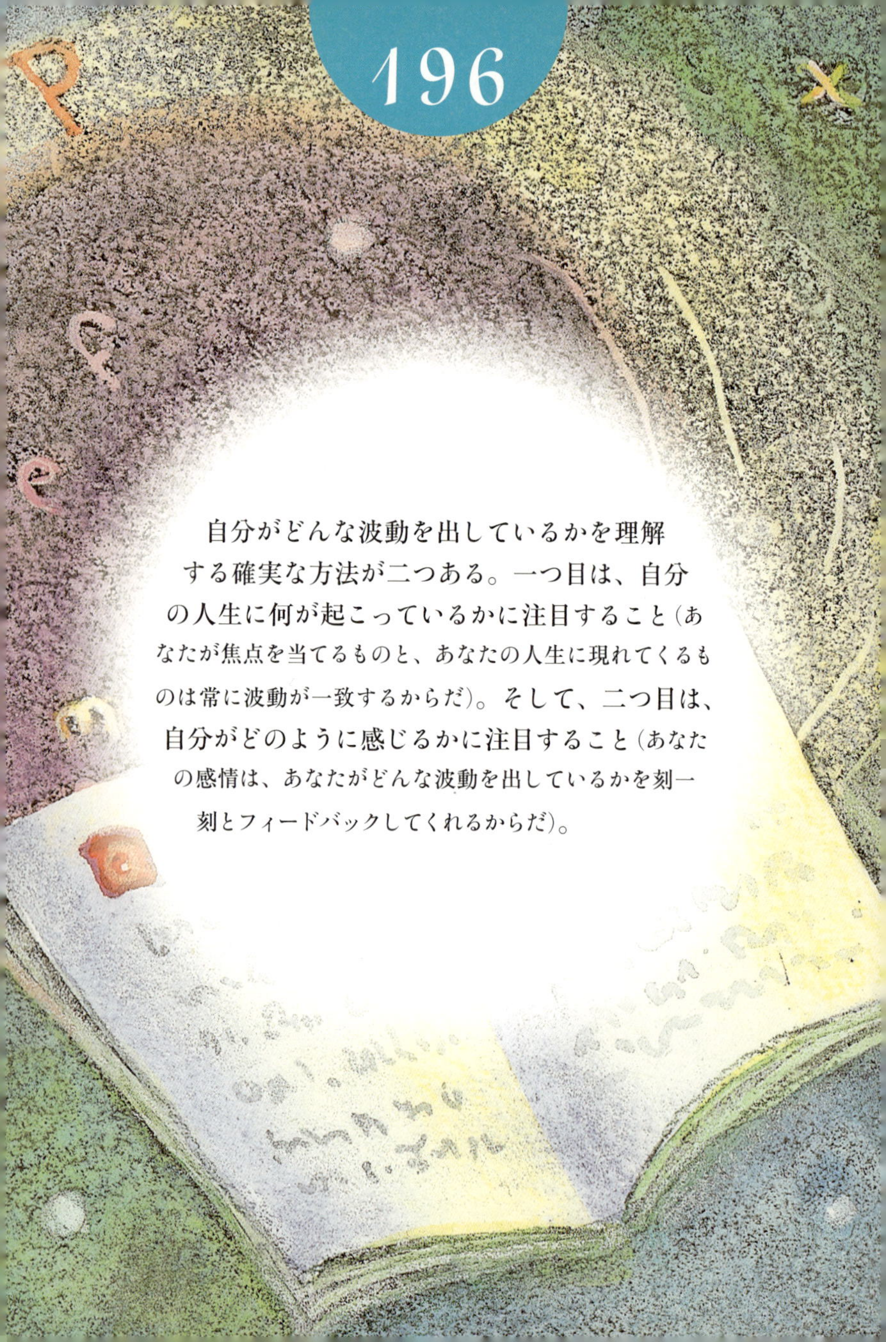

196

自分がどんな波動を出しているかを理解する確実な方法が二つある。一つ目は、自分の人生に何が起こっているかに注目すること（あなたが焦点を当てるものと、あなたの人生に現れてくるものは常に波動が一致するからだ）。そして、二つ目は、自分がどのように感じるかに注目すること（あなたの感情は、あなたがどんな波動を出しているかを刻一刻とフィードバックしてくれるからだ）。

197

意図的な創造を満足のいくものにしたければ、自分が考えている思考がどう感じられるかについて敏感にならなければならない。敏感になれば、気分が悪い思考を気分のいい思考に修正し、望ましくないものが現れる前に、引き寄せの作用点を改善することができるからだ。望まないことが物質的に現れる前に、思考の方向を変えることによって、対策を講じるほうがはるかに簡単なのだ。

198

思考と感情、そして起こっている現象との相関関係を把握しないかぎり、あなたは自分の人生に起こることを意識的にコントロールできない。

199

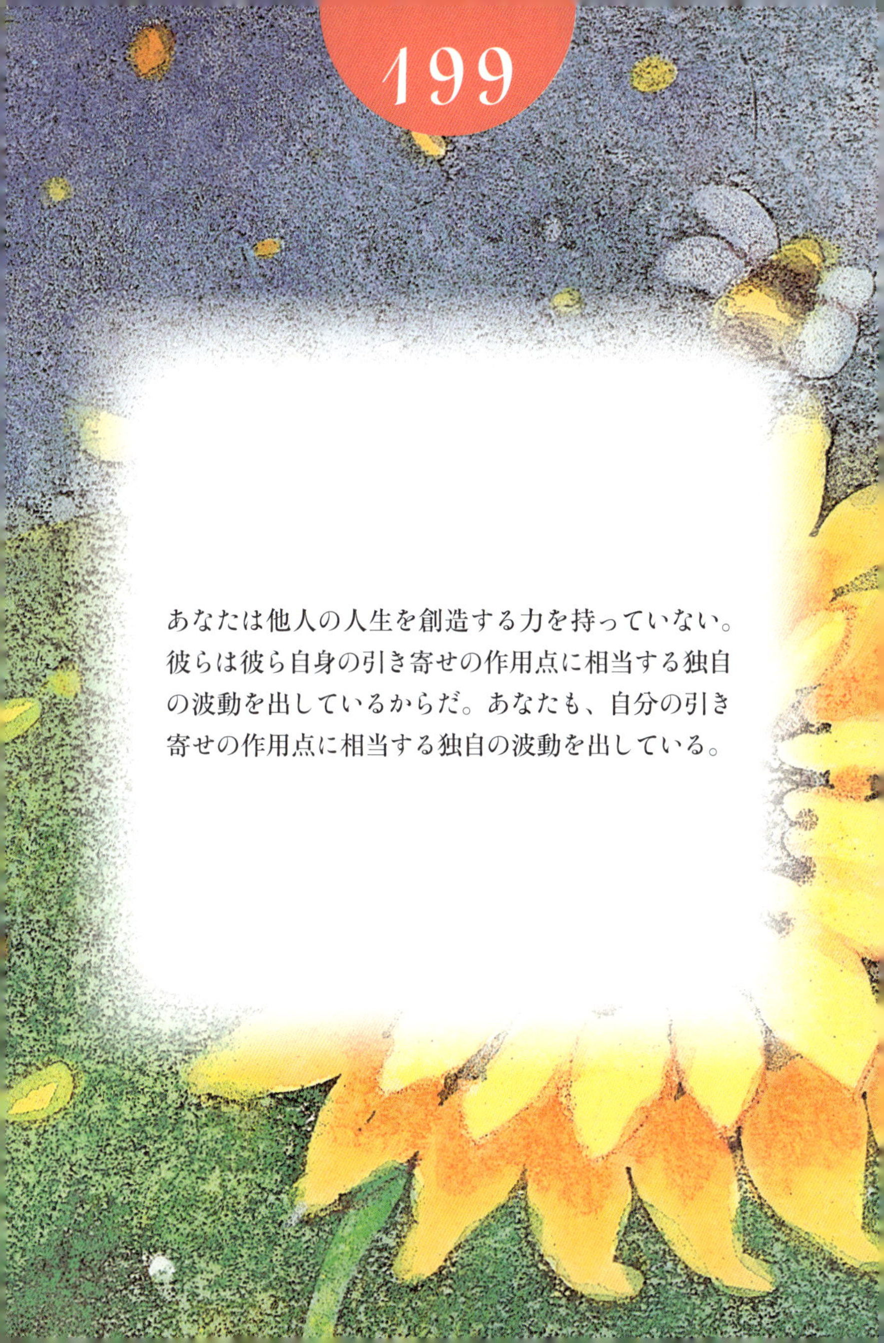

あなたは他人の人生を創造する力を持っていない。彼らは彼ら自身の引き寄せの作用点に相当する独自の波動を出しているからだ。あなたも、自分の引き寄せの作用点に相当する独自の波動を出している。

200

「意図的創造」とは、状況を変えることで気分がよくなる方法を見つけるということではない。選択すると気分がよくなる思考を選ぶということなのだ。
それが状況を変えるのだ。

201

無条件の愛とは、愛の源《ソース》とのつながりを維持したいと切望し、（たとえどのような現れ方をしようとも）つながりを許容・可能にする思考を意図的に選ぶことを意味する。気分をよくしてくれる思考を意図的に選ぶことによって、引き寄せの作用点をコントロールすることができれば、あなたを取り巻く状況は変わらざるを得ない。それが法則だからだ。

202

「引き寄せの法則」は強力な法則である。したがって、ある思考を見つけ、その波動を維持しようとしても、あなたの波動の現在地点がそれと大幅に異なる場合には、維持するのは不可能であることを覚えておいてもらいたい。**思考の波動が、あなたの現在の波動の範囲内に収まる思考にしか、あなたはアクセスできないのだ。**

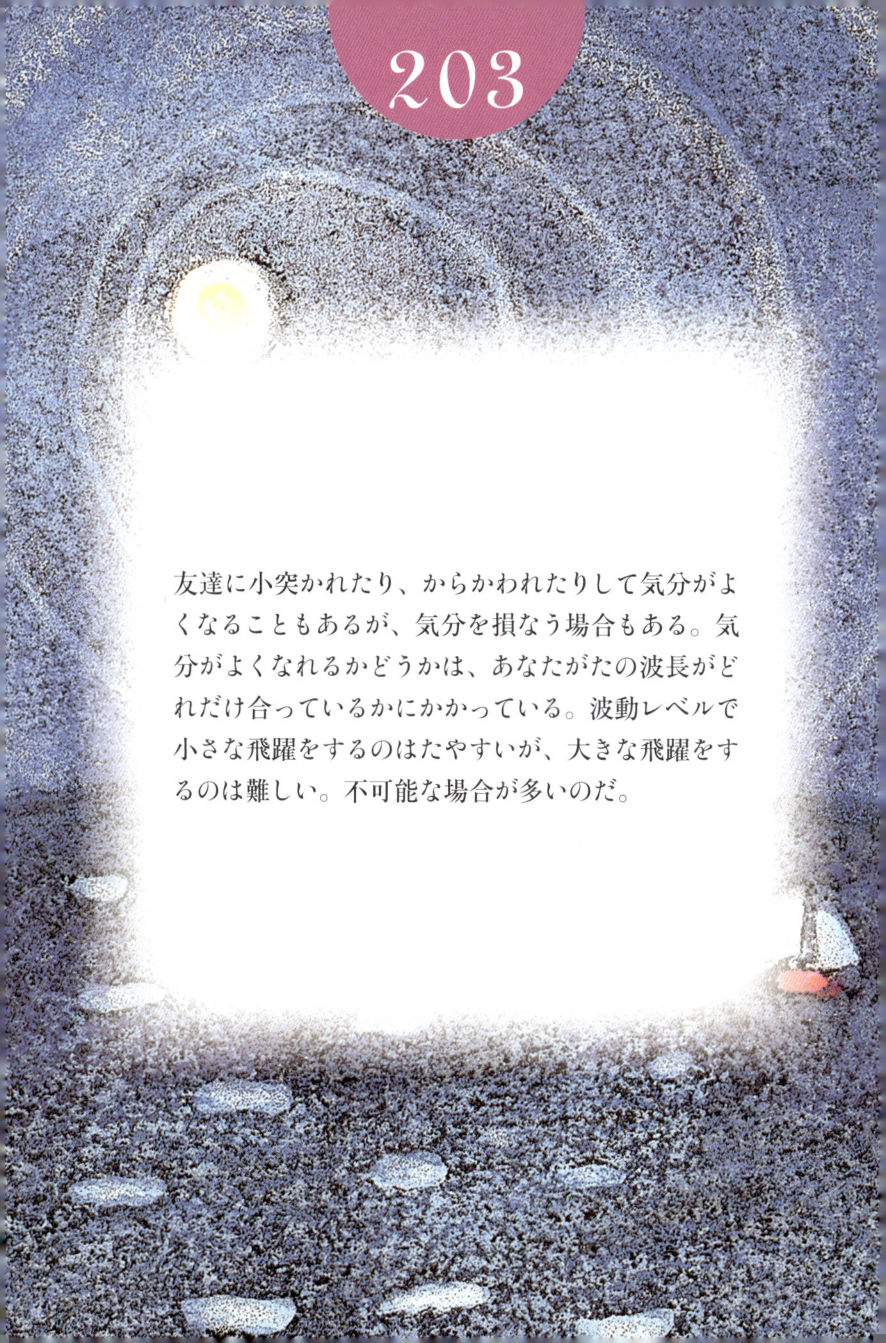

203

友達に小突かれたり、からかわれたりして気分がよくなることもあるが、気分を損なう場合もある。気分がよくなれるかどうかは、あなたがたの波長がどれだけ合っているかにかかっている。波動レベルで小さな飛躍をするのはたやすいが、大きな飛躍をするのは難しい。不可能な場合が多いのだ。

204

あなたは観察し、思い出し、熟考し、議論することを通して思考を実践してきた。それらが強力な思考や信念となり、今、あなたの引き寄せの作用点を支配している。あなたがなんらかの思考を抱くと、あるいはなんらかの思考に焦点を当てると、あなたのなかに感情的な反応が生まれる。そのため、いずれあなたは、特定の物事を特定の仕方で感じるようになる。わたしたちはそれをあなたの「感情の現在地点」とよぶ。

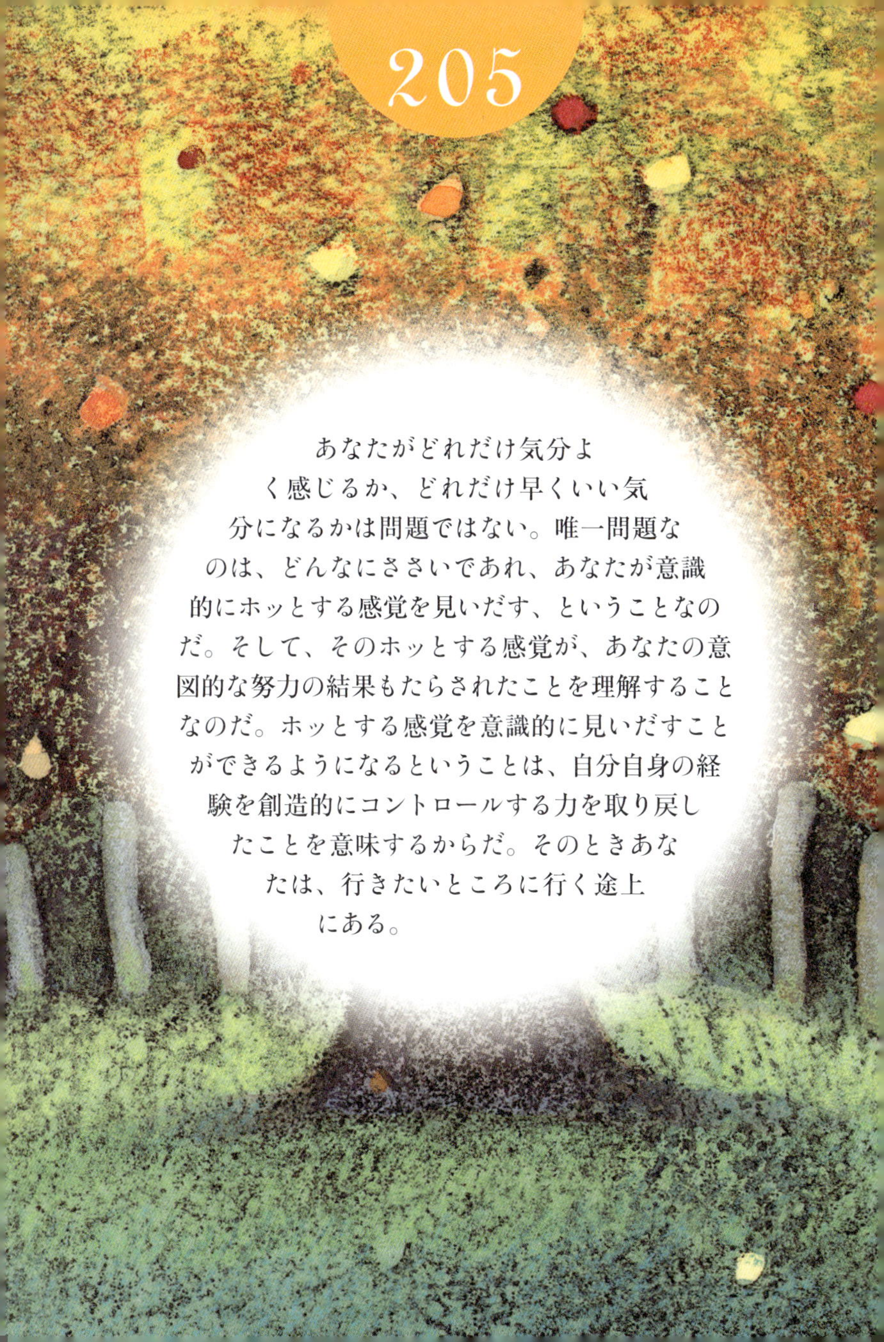

あなたがどれだけ気分よく感じるか、どれだけ早くいい気分になるかは問題ではない。唯一問題なのは、どんなにささいであれ、あなたが意識的にホッとする感覚を見いだす、ということなのだ。そして、そのホッとする感覚が、あなたの意図的な努力の結果もたらされたことを理解することなのだ。ホッとする感覚を意識的に見いだすことができるようになるということは、自分自身の経験を創造的にコントロールする力を取り戻したことを意味するからだ。そのときあなたは、行きたいところに行く途上にある。

206

あなたは自分で気づいているかいないかにかかわらず、自分自身の経験の創造者である。あなたの人生経験は、あなたが意識するしないにかかわらず、あなたの思考の結果、放出される波動に正確に応じて展開していく。

「感謝の乱発のプロセス」とは、なんらかのトラブルを見いだし、修復するということではない。それはより高い波動を身につけるプロセスである。気分がよくなるものに長く焦点を当てていればいるほど、気分のよい波動を維持するのが容易になる。あなたに感謝の気持ちを容易に起こさせるものを注意の対象として選ぶよう心がけてもらいたい。いい気分を生み出す波動を維持すればするほど、「引き寄せの法則」はあなたが身につけた波動に見合う思考、経験、人々、物を引き寄せるだろう。

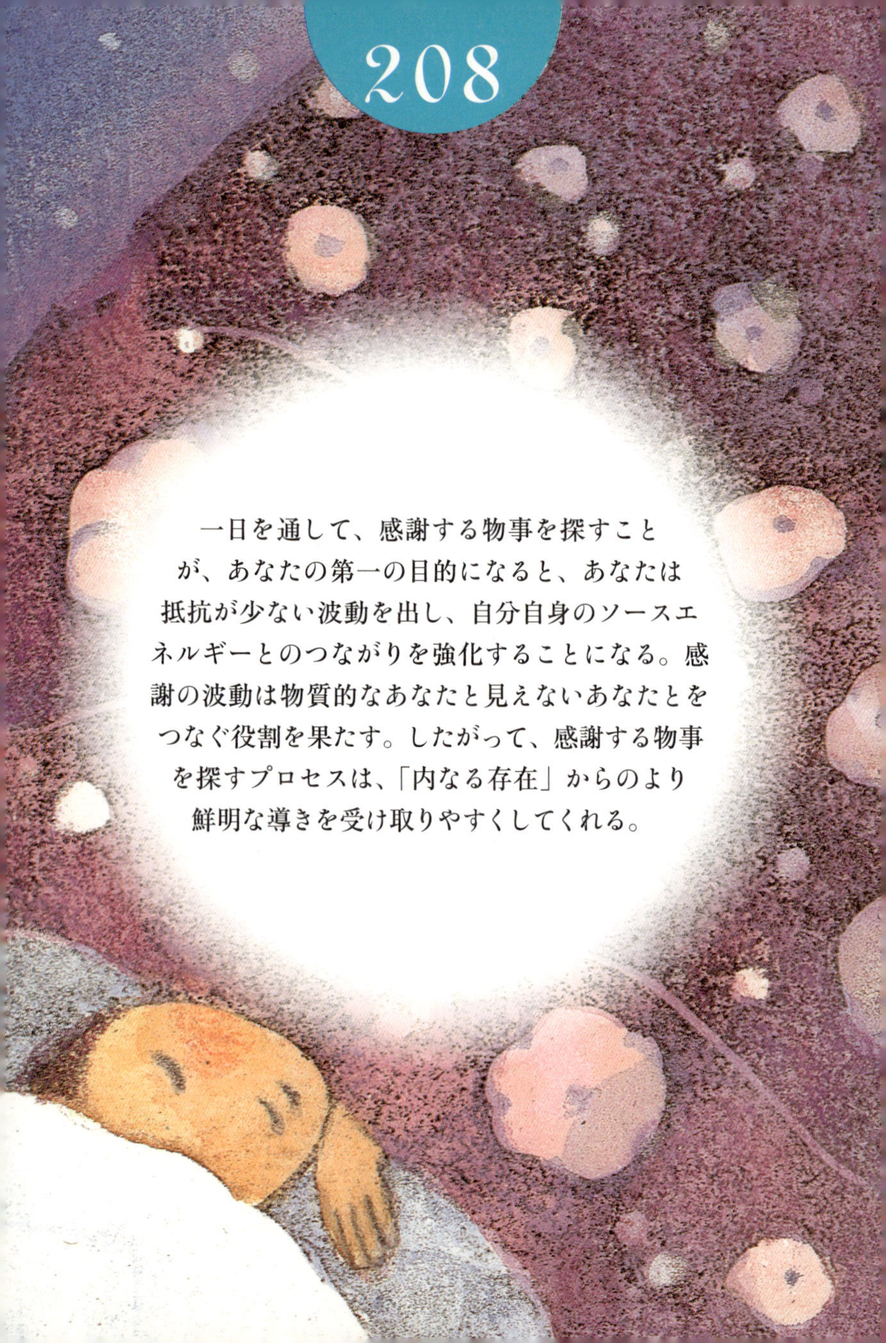

208

一日を通して、感謝する物事を探すことが、あなたの第一の目的になると、あなたは抵抗が少ない波動を出し、自分自身のソースエネルギーとのつながりを強化することになる。感謝の波動は物質的なあなたと見えないあなたとをつなぐ役割を果たす。したがって、感謝する物事を探すプロセスは、「内なる存在」からのより鮮明な導きを受け取りやすくしてくれる。

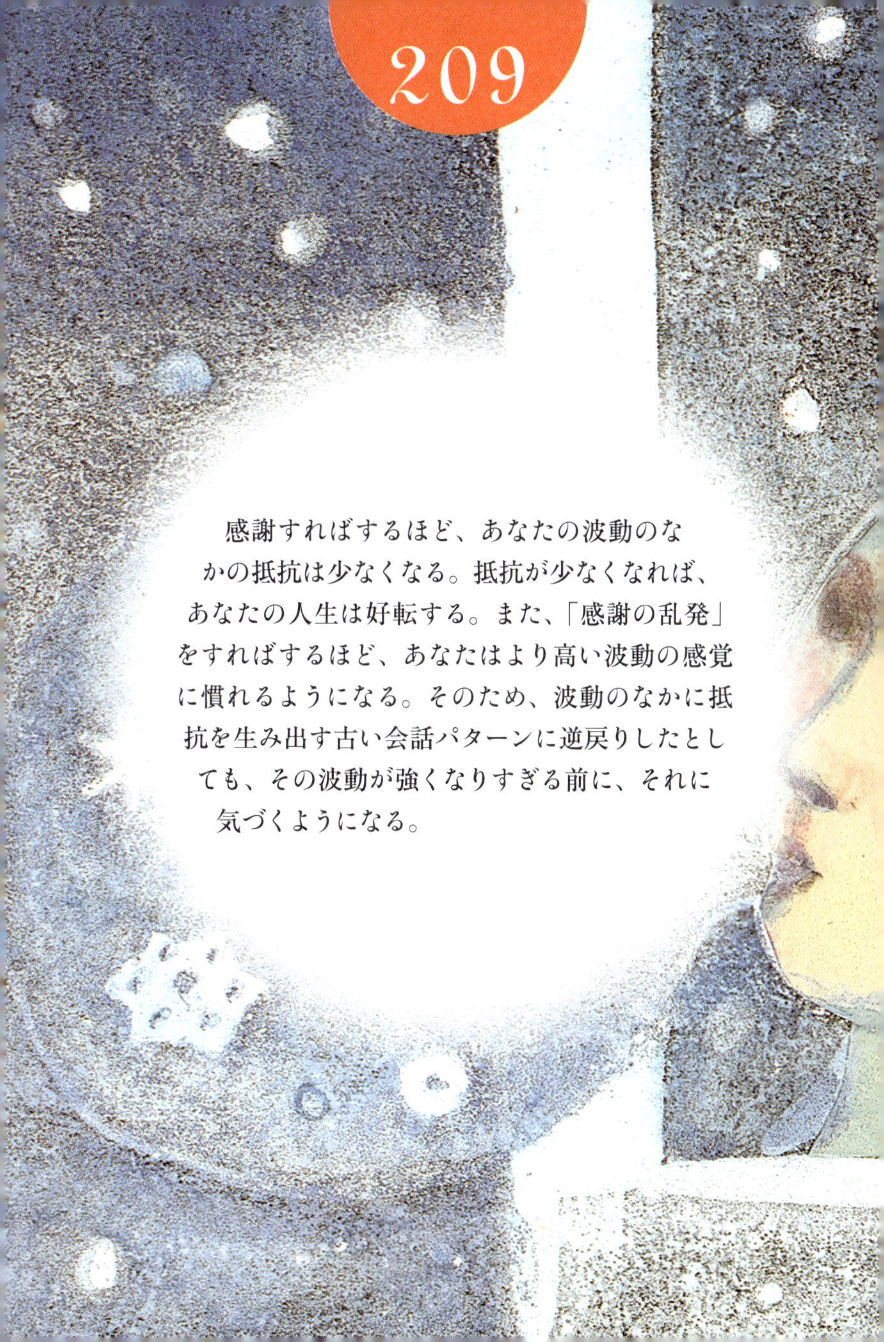

209

感謝すればするほど、あなたの波動のなかの抵抗は少なくなる。抵抗が少なくなれば、あなたの人生は好転する。また、「感謝の乱発」をすればするほど、あなたはより高い波動の感覚に慣れるようになる。そのため、波動のなかに抵抗を生み出す古い会話パターンに逆戻りしたとしても、その波動が強くなりすぎる前に、それに気づくようになる。

何かに感謝すると、それに好感を覚え、それがしたくなる。それがしたくなると、ますます好きになり、もっとしたくなる。「引き寄せの法則」はこうした前向きな思考や感情にはずみをつける手助けをする。やがてさほど努力しなくても、あなたは本当の自分との調和のなかで、喜びの歌を歌っている自分のハートに気づく。

211

抵抗が存在しない感謝の波動という素晴らしい感覚のなかで、あなたはすべてを許容する状態に入り込む。つまり、あなたの望むものが簡単に人生へと流れ込んでくる波動の状態に入るということ。うまく手に入れられれば入れられるほど、もっとうまく手に入れられるようになるのだ。

「感謝の乱発のプロセス」において、あなたは実際に、自分が求めてきたものが経験に現れるのを許容・可能にする状態に波長を合わせる。あなたは毎日求め、源《ソース》が例外なくそれに応えてきたのだ。そして今、あなたは感謝という感情のなかで、受け取っているのだ。今、あなたは創造のプロセスの最終ステップにいる（創造したものを招き入れている）。

感謝する物事を探すことに専念するようになると、日々、そのような物事に満ちていることに気づくようになるだろう。感謝の思考や感情が自然にあなたから流れ出すだろう。そして、人や出来事に純粋な感謝の気持ちを抱いている最中、鳥肌が立つのをしばしば感じるだろう。そうした感覚は自分の源《ソース》との調和がとれていることを確証するものである。

214

あなたは何かに感謝するたび、何かを褒めるたび、何かにいい感情を抱くたび、宇宙に向かって「これをもっとください！」と告げているのだ。わざわざ言葉でそれを告げる必要はない。**あなたがほとんどの時間、感謝の状態にあるなら、いいことがどんどんあなたに流れ込んでくるだろう。**

「感謝より愛のほうがいい言葉じゃありませんか？」「愛のほうが見えない世界のエネルギーをより適切に表現しているのではありませんか？」とわたしたちはよく聞かれる。愛と感謝は実際には同じ波動を持っているとわたしたちは答える。

216

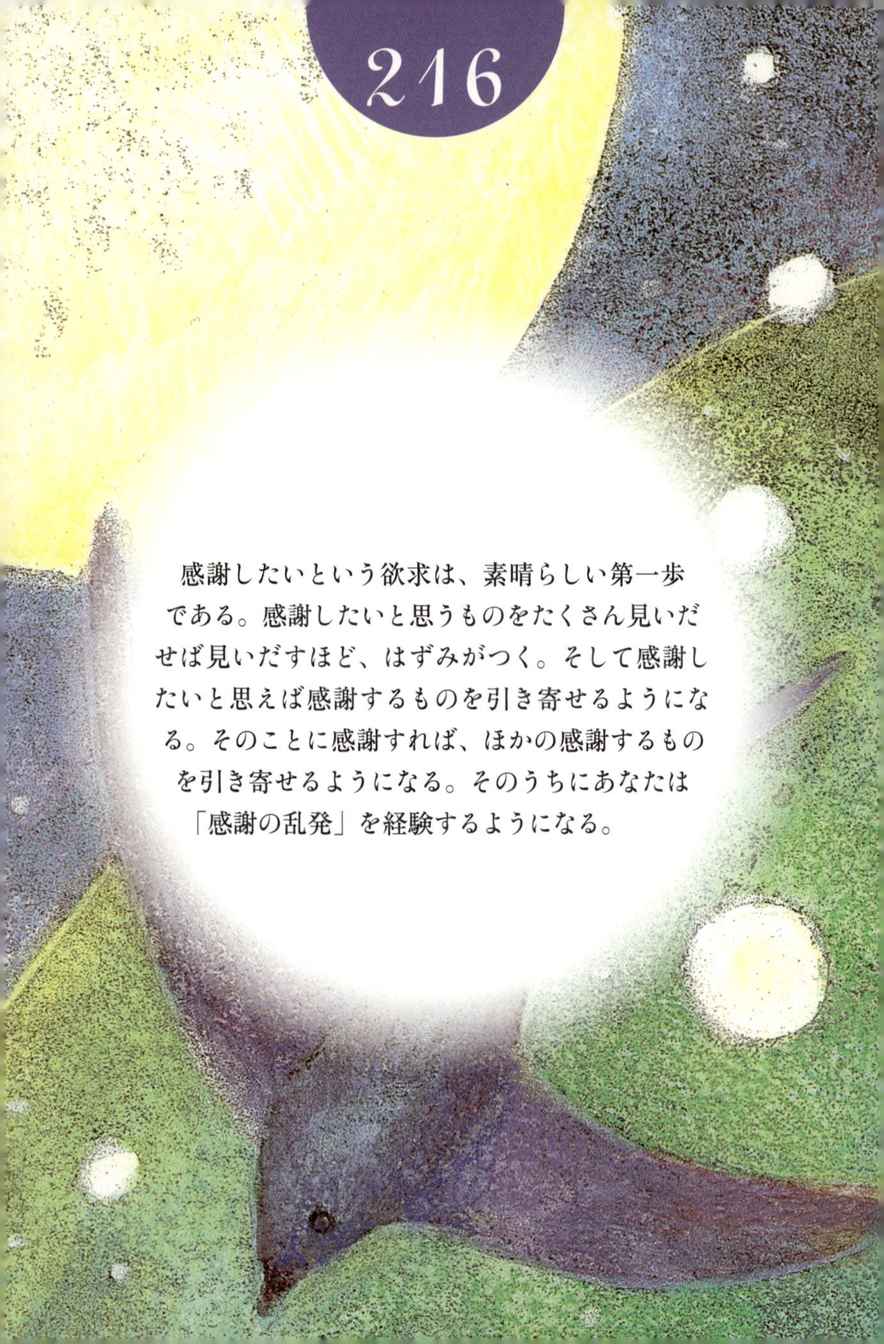

感謝したいという欲求は、素晴らしい第一歩である。感謝したいと思うものをたくさん見いだせば見いだすほど、はずみがつく。そして感謝したいと思えば感謝するものを引き寄せるようになる。そのことに感謝すれば、ほかの感謝するものを引き寄せるようになる。そのうちにあなたは「感謝の乱発」を経験するようになる。

217

あなたに対してネガティブな感情を向ける不幸な人たちがいる。あなたはそういう人たちに感謝できないということで、自分自身を責めるかもしれない。だが、わたしたちは、自分が望んでいないことを見て、いい気分でいなさいとは言わない。そうではなく、見いだしたときに感謝したくなるものを探してもらいたいのだ。そうすれば、「引き寄せの法則」がそれらに似たものをもたらすだろう。

218

感謝するものを探しているときにはいつでも、あなたは自分の出す波動や、自分の引き寄せの作用点をコントロールする力を持っている。だが、他人の思惑に反応しているときは、コントロールする力を持たない。あなたは彼らに今日、何が起こったかも知らないし、彼らがどのように生きているかも知らない。あなたに対してした反応をどうして彼らがそうしたのか、あなたには理解できない。あなたはそれをコントロールできないのだ。だが、彼らがあなたのことをどう感じているかではなく、あなたがどう感じているかにもっと注目すれば、あなたは自分の経験をコントロールできるようになる。

219

気分がよくなることほど重要なことはないと決断し、今日、感謝するものを意識的に探そうと決意すれば、あなたの注意の対象は感謝の気持ちそのものになる。あなたは今や、自分と感謝の対象との間に回路を作ったのだ。「引き寄せの法則」がすぐに働き始め、あなたは感謝するものをもっと見るようになるだろう。

わたしたちはあなたに、見えない世界のエネルギーとつながることの大切さを感じてもらいたい。感謝はその最も簡単で素早い方法である。見えない世界のエネルギーとつながりたいという欲求が十分にあれば、毎時間、感謝の気持ちを呼び覚ます何十もの方法を見いだすようになるだろう。

221

誰かがあなたに反旗をひるがえしても、あなたが防衛的にさえならなければ、なんの問題もないことを覚えておかなければならない。あなたは防衛的でありながら、同時に感謝することはできない。感謝することに集中すれば、感謝が戻ってくる。だが、実際にあなたは感謝されることを求めてはいない。感謝の気持ちが自分を通して流れるのを求めているのだ。

222

日々の歩みのなかで、自分が望んでいないものを自覚するようになると、自分が何を望んでいるかがより明確になる。これまであなたが「感謝の乱発」をしてきたとすれば、自分が望まないものの意識から望むものの意識へと簡単に焦点を切り替えることができる。今やあなたは自分を創造する実践的な創造者である。

223

人生の目的は明日にあるのではなく、今にある。現在、エネルギーをどのような形に仕立てあげているか、それが人生なのだ！

224

すてきな箱を見つけて、「創造の箱のプロセス」を始めてもらいたい。まず、ふたの目立つところに、「この箱に納められているアイデアはなんでも存在する！」と書こう。どんなものでもいいから自分に訴えるものがあったら、それを切り抜いて、「創造の箱」のなかに入れよう。そのとき、「この箱に納められているものはなんでも存在する！」と声に出して言おう。たくさんのアイデアを箱のなかに入れれば入れるほど、あなたの願望は鮮明になっていく。願望が鮮明になればなるほど、あなたは生き生きと感じるようになる。なぜなら、あなたのなかを流れるこのエネルギーが人生そのものだからだ。

225

これまで抵抗の思考を振りかざさなかった人たちにとって、素晴らしい人生を創造するのに必要なのは、「創造の箱のプロセス」だけだろう。あなたが求め、源《ソース》が応える。それをあなたは受け入れる。求めれば、与えられるのだ。

ほとんどの人は観察しているものに反応して、波動を出す場合が多いが、そのようにしていると、創造をコントロールすることはできない。創造をコントロールできるのは、意図的に思考を提示する場合に限られるのだ。視覚的に何かを思い描いているとき、あなたは完璧にコントロールしている。

227

「創造の箱のプロセス」を始めると、莫大な数に上る見えない次元の存在があなたの要求に応えてくれる。その効果や効率にあなたは驚くだろう。求めれば、与えられるのだ。「創造の箱のプロセス」で遊ぶようになると、受け入れることを学ぶようになる。

あなたの願望が人生の
四つの基本テーマ——健康、家
庭、人間関係、仕事——のいずれに属
するかを突き止めれば、エネルギーの集中
が起こる。自分の願望についてより具体的な発
言をすれば、それらのテーマにまつわるエネル
ギーはより活性化される。自分がなぜそれらのも
のを欲しているかを考えれば、普通、そのテーマ
に関する自分の抵抗を和らげることができる。さ
らに、思考により多くの明晰さと力を加えること
になる。あるものをあなたが求める理由は、
あなたが求めているものの本質を明確に
する。**宇宙は常に、あなたの願望の**
波動に見合ったものを届け
てくれる。

あるものをあなたが求める理由は、
あなたが求めているものの本質を明確にする。宇宙は常に、あなたの願望の波動に見合ったものを届ける。自分があるものをなぜ欲しがっているかを考えるとき、あなたは普通、抵抗を和らげる。だが、いつそれがやってくるか、どのようにしてやってくるか、それがやってくるのを誰が助けてくれるかを考えるとき、あなたはしばしば抵抗を付け加える。特に、それらの疑問に対する答えをまだ知らないときにはそうだ。

あなたは思考、人間、出来事、ライフスタイル、そのほか人生のすべてのものを磁石のように引き寄せている。物事をあるがままに見ると、あなたはそれと同じものをもっと引き寄せる。だが、こうであってほしいという目で見ると、あなたの願うものを引き寄せることになる。だから、よくいけばいくほどよくなり、悪くいけばいくほど悪くなるのだ。人々はほとんどの場合、現状を見る傾向がある。

わたしたちが提供しているのは、毎日、少しの時間を費やして、健康、活力、繁栄、肯定的な人間関係——つまり、完璧な人生のビジョンを作り上げるもの——を意図的に引き寄せるプロセスである。

232

自分が波動に基づく宇宙に暮らしており、あらゆるものが「引き寄せの法則」によってつかさどられていることを覚えていてもらいたい。あなたは望んでいるかいないかにかかわらず、考えるものを得る。あなたが注意を与えることによって何かに波長を合わせるたびに、同じ波動を持ったその本質がなんらかの方法であなたの人生経験のなかに出現し始めるのだ。

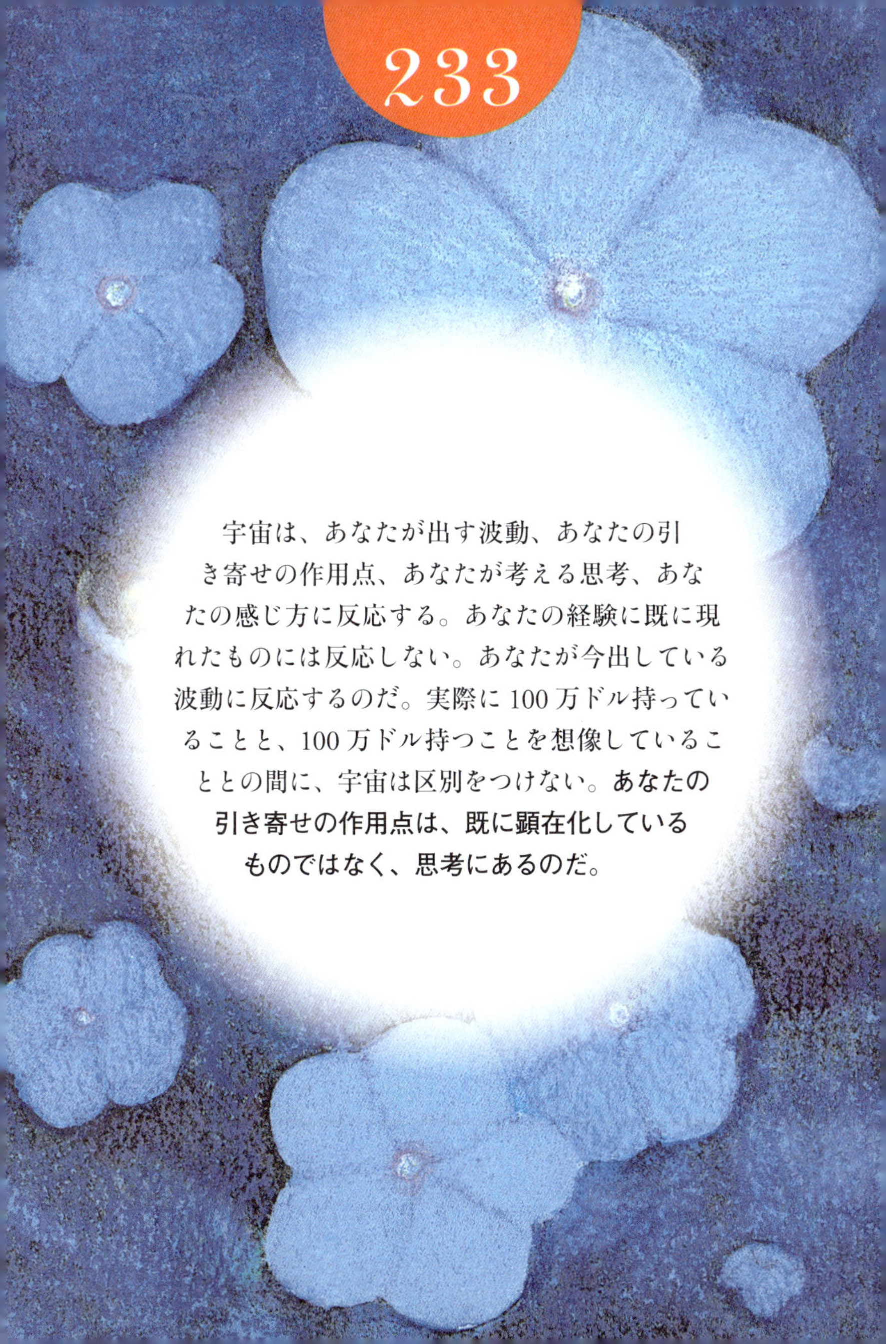

233

宇宙は、あなたが出す波動、あなたの引き寄せの作用点、あなたが考える思考、あなたの感じ方に反応する。あなたの経験に既に現れたものには反応しない。あなたが今出している波動に反応するのだ。実際に 100 万ドル持っていることと、100 万ドル持つことを想像していることとの間に、宇宙は区別をつけない。**あなたの引き寄せの作用点は、既に顕在化しているものではなく、思考にあるのだ。**

234

「バーチャルリアリティーのプロセス」とは、壊れたものを直そうとするプロセスではない。心のなかにあるシーンを意図的に呼び起こし、気分のよい波動を送り出すプロセスである。心のなかで楽しいシーンを視覚化する訓練を積めば、それらの気分のよい波動が、あなたの新しい現在地点になる可能性がある。

235

創造のプロセスが三つの段階を含んでいることを覚えていてもらいたい。①求める（簡単なことだ。あなたは四六時中それをしている）、②要求に応える（それはあなたの仕事ではない。ソースエネルギーの仕事だ）、③許容・可能にする（あなたは自分が求めたものを受け取るモードでいなければならない）。

236

創造プロセスの段階①と③とが異なることを理解することが大切である。あなたが心から望むものや、必要とするものに焦点を当てるとき、あるいはそれらを祈願するとき、自分が求めているものに合致する波動を持っていない場合がたびたびある。自分が求めているものの「欠落」に同調しているのだ。

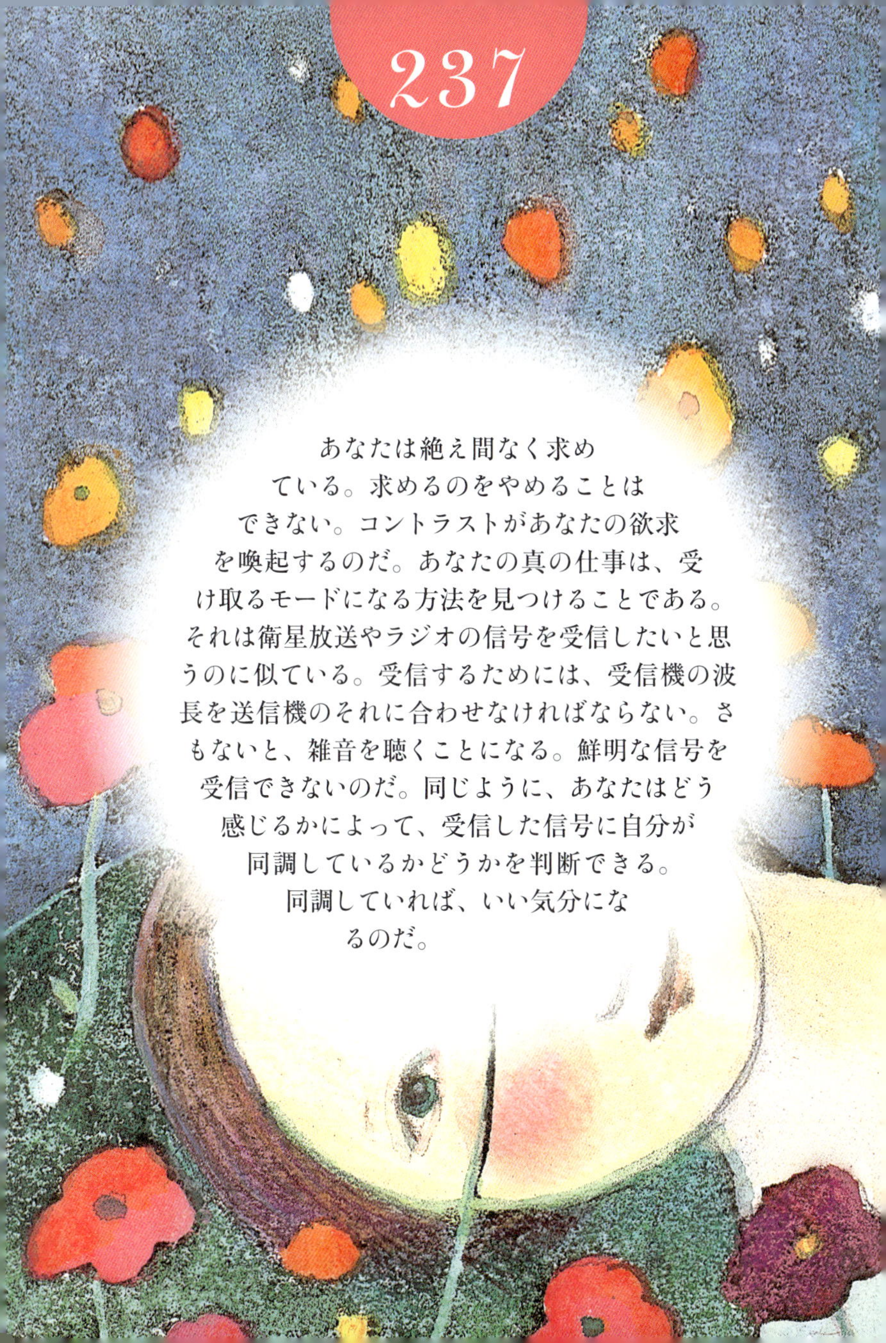

237

あなたは絶え間なく求めている。求めるのをやめることはできない。コントラストがあなたの欲求を喚起するのだ。あなたの真の仕事は、受け取るモードになる方法を見つけることである。それは衛星放送やラジオの信号を受信したいと思うのに似ている。受信するためには、受信機の波長を送信機のそれに合わせなければならない。さもないと、雑音を聴くことになる。鮮明な信号を受信できないのだ。同じように、あなたはどう感じるかによって、受信した信号に自分が同調しているかどうかを判断できる。同調していれば、いい気分になるのだ。

バーチャルリアリティーとは、この瞬間のすべてのことを、映画監督のように選ぶプロセスである。このプロセスを始めるにあたって、まず、このシーンがどこで起こるかを決める必要がある。

239

バーチャルリアリティーのプロセスを用いて、特定の既存の状況を改善しようとしてはならない。何かを修復しようとすると、既存の波動をバーチャルリアリティーのなかに持ち込むことになるからだ。そうすると、バーチャルリアリティーのプロセスは効力を失う。

あなたが強く望めば、幸せはあなたの経験のなかに流れ込んでくる。もし流れ込んでこないとすれば、あなたは気分を損ねているか、怒っているか、何かを心配しているのだ。

自分を気分よくするシナリオを作れば、あなたは気分のいい波動を作動させる。すると、「引き寄せの法則」がその波動に同調する。**いい気分でいること以上に重要なことはない。自分を気分よくさせてくれるイメージを生み出すことほどすてきなことはない。**

バーチャルリアリティーのなかで心配しようが、楽しもうが、あなたは「引き寄せの法則」が反応する波動を出す。

あなたは起こってしまった出来事を思い出せるだろうか？　思い出せるなら、バーチャルリアリティーを生み出すこともできる。なぜなら、過去の出来事はいずれも今、ここには存在しないからだ。思い出しているとき、あなたはそれを何かから再創造しているのだ。ビジュアライゼーションないしバーチャルリアリティーも同じで、それは思い起こすことである。ただし、そのとき、あなたは自分自身を喜ばせるという単純な意図しか持っていない。

244

ビジュアライゼーションを訓練し、想像力に磨きをかければ、しばらく気分よく楽しく過ごす方法となるプロセスを見いだすだけではなく、無数のテーマに関する自分の優勢な波動が変化することを発見するだろう。あなたの人生経験はこれらの素晴らしい変化を反映し始めるだろう。

245

あなたが考え続ける思考はすべて信念とよばれる。信念の多くは大変よくあなたに仕える。あなたの源《ソース》の知識と調和する思考やあなたが抱いている願望に一致する思考がそうだ。だが、一部の信念はあなたに仕えない。自分は欠点だらけだという考えや、自分には価値がないという考えが、そうした思考の例だ。

「宇宙の法則」を理解し、意図的に思考を選ぶ意欲がある程度あれば、そのうちに、すべての邪魔な信念を、命を育む信念によって置き換えることができるようになる。だが、はるかに短期間に、あなたの信念を変えるという直接的な利益をもたらし得るプロセスがある。それをわたしたちは「瞑想のプロセス」とよぶ。

247

瞑想のプロセスとは、自分の願望に働きかけるプロセスではない。心を鎮めるプロセスである。これを行うと、一切の抵抗が引いていく。そしてあなたの波動の状態は自然で純粋な状態へと昇華する。

248

瞑想のほかにも、波動を高める方法がある。心に響く音楽を聴く、美しい場所でジョギングをする、ネコと戯れる、イヌと散歩をするといったことだ。しばしば車を運転している最中、ソースエネルギーとつながる最高の状態に入り込むこともある。あなたの目標は、抵抗を引き起こす一切の考えを手放すことだ。抵抗を手放せば、純粋な前向きの思考の場所に入り込む。考えると気分がよくなる思考を見つけ、その音色が自分のなかに定着するまで、抱き続けてもらいたい。そうすれば、気持ちのよいほかの思考があとに続くだろう。

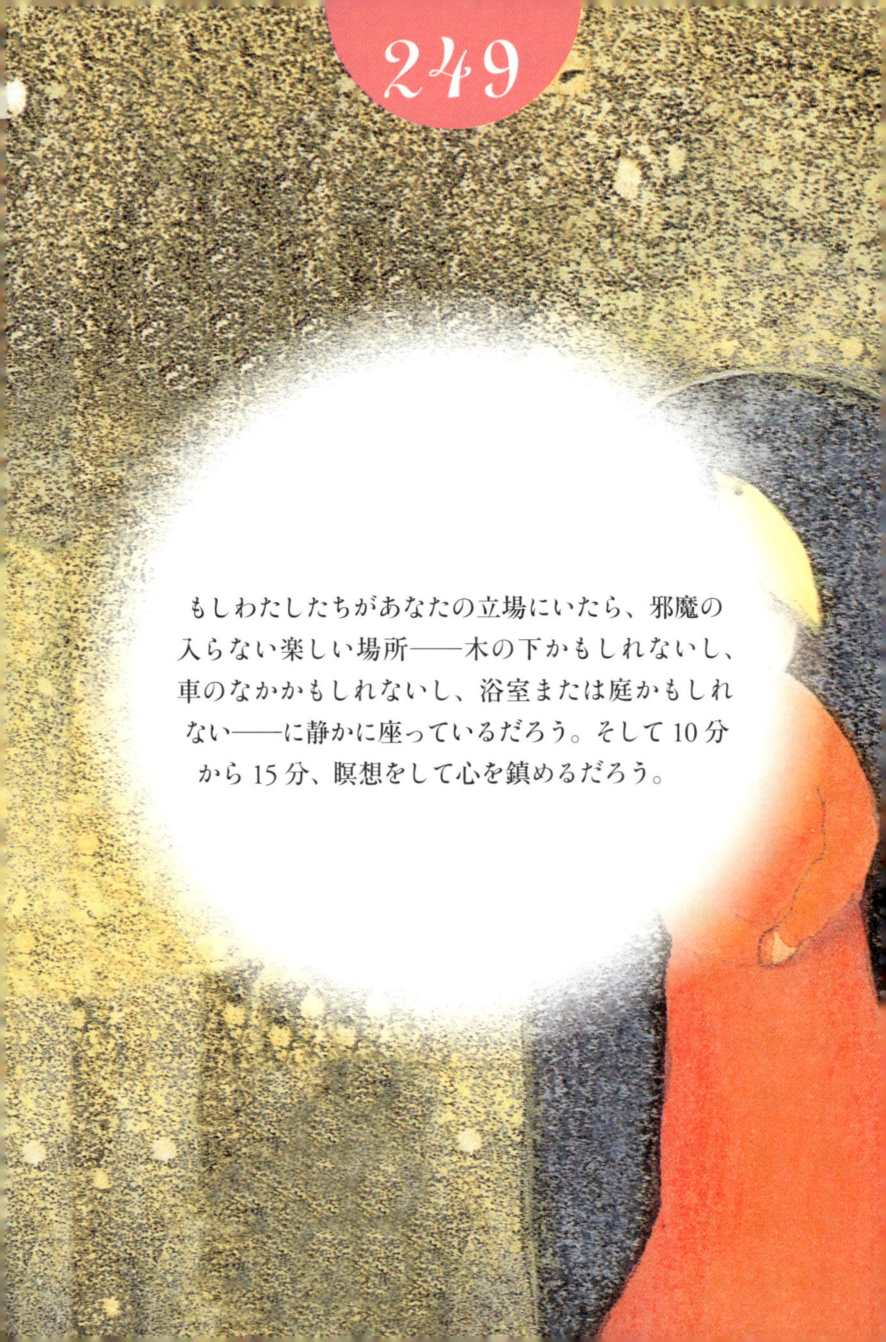

もしわたしたちがあなたの立場にいたら、邪魔の入らない楽しい場所——木の下かもしれないし、車のなかかもしれないし、浴室または庭かもしれない——に静かに座っているだろう。そして 10 分から 15 分、瞑想をして心を鎮めるだろう。

250

毎日、10 分から 15 分、わたしたちは瞑想で心を鎮めるだろう。両目を閉じて、呼吸とともに空気が肺に出入りするのを自覚するだろう。目的はただこの瞬間に存在し、呼吸を意識することだけ。呼吸以外には何もしない。朝食の準備もしないし、髪もすかない。誰がどうしているのかも考えないし、昨日のことも考えない。明日のことも心配せず、空気が肺に出入りすること以外、この瞬間、なんにも集中しない。

251

瞑想は、ほんの少しの間、何も起こそうとしないことを許容・可能にする状態である。それは、あなたが自分のソースエネルギー（「内なる存在」、神など好きなようによんでもらいたい）に向かって、「わたしは今、ソースエネルギーが自分のなかを流れるのを許す状態にあります」と語りかけるときだ。15分の瞑想があなたの人生を変えるだろう。それは、あなたにとって自然なエネルギーが流れるのを許容・可能にするだろう。あなたはその瞬間、気分がよくなり、瞑想から出たとき、エネルギーが充電されたと感じるだろう。

252

あなたがすぐに気づく瞑想の恩恵は、ずっと望んでいたことが人生経験のなかに現れ始めることだろう。なぜだろう？　15分間、ただ存在することが、なぜそのような働きを生み出すのだろう？　それは、あなたがずっと「求める」ことをしてきたからだ。瞑想をしている間、あなたは願望の実現を押しとどめていた抵抗を解き放ったのだ。あなたは今、瞑想の実践によって、自分の願望が経験のなかに流れ込むのを許容･可能にしているのだ。

253

物質的環境のなかで暮らしているかぎり、あなたのなかには願望が際限なく生まれてくる。願望があなたのなかで生まれると、宇宙はそれに応える。ネコと戯れる、呼吸瞑想をする、滝の音や癒しの音楽を聴く、「感謝の乱発」をするといったことで、15分間、許容・可能にする状態を作り出すことを通して、あなたはずっと求めてきたものへの抵抗を生み出さない波動を確立するのだ。

254

「もし自分がネガティブな習慣を身につけてしまっていたらどうすればいいのでしょう？　15分間の瞑想がそれを変えてくれるでしょうか？」と尋ねる人がいる。おそらく、すぐには無理だろう。だが、今度あなたがそうした否定的な思考にとらわれたとき、前よりもそれに気づきやすくなるだろう。あなたのナビゲーションシステムが刺激され、あなたはおそらく生まれて初めて、見えない世界のエネルギーを扱っていることを自覚するだろう。

255

あなたの身に起こることはすべて、あなたが呼び出し、許容・可能にしている（あるいは許容・可能にしていない）エネルギーゆえに起こる。あなたの知っている人たちの身に起こることもそうだ。すべてはエネルギーにかかわっている。人々が経験することは、どんな願望を持ち、それが実現されるのをどれだけ許容・可能にできるかによって決まるのだ。

256

たった今、あなたの身体
に、人間に知られているあらゆる
致命的な病気や、まだ解明されていない
病気が発生したとしても、エネルギーが自分
のなかを流れるのを許容・可能にする方法を習
得すれば、明日、すべての病気が消滅することは
あり得る。だが、実際のところ、わたしたちはその
ような量子的飛躍を勧めない。多少不快感を伴う
からだ。わたしたちが実際に勧めているのは、
毎日、「気分がよくなること以上に重要なこと
はない。今日は気分がよくなる方法を見
つけるつもりだ」と言えるぐらい自
己中心的になることだ。

257

「わたしは瞑想によって一日を始め、自分自身をソースエネルギーと調和させようと思う。一日を過ごすにあたっては、感謝する機会を探すつもりだ。そうすれば、一日中、ソースエネルギーのなかにひたっていられる。褒める機会があれば、褒めるつもりだ。批判したくなったら、口を閉じたまま、瞑想をするつもりだ。『ネコちゃん、こっちにおいで』と言って、批判したい気持ちが消えうせるまで、ネコと戯れるのもいい」

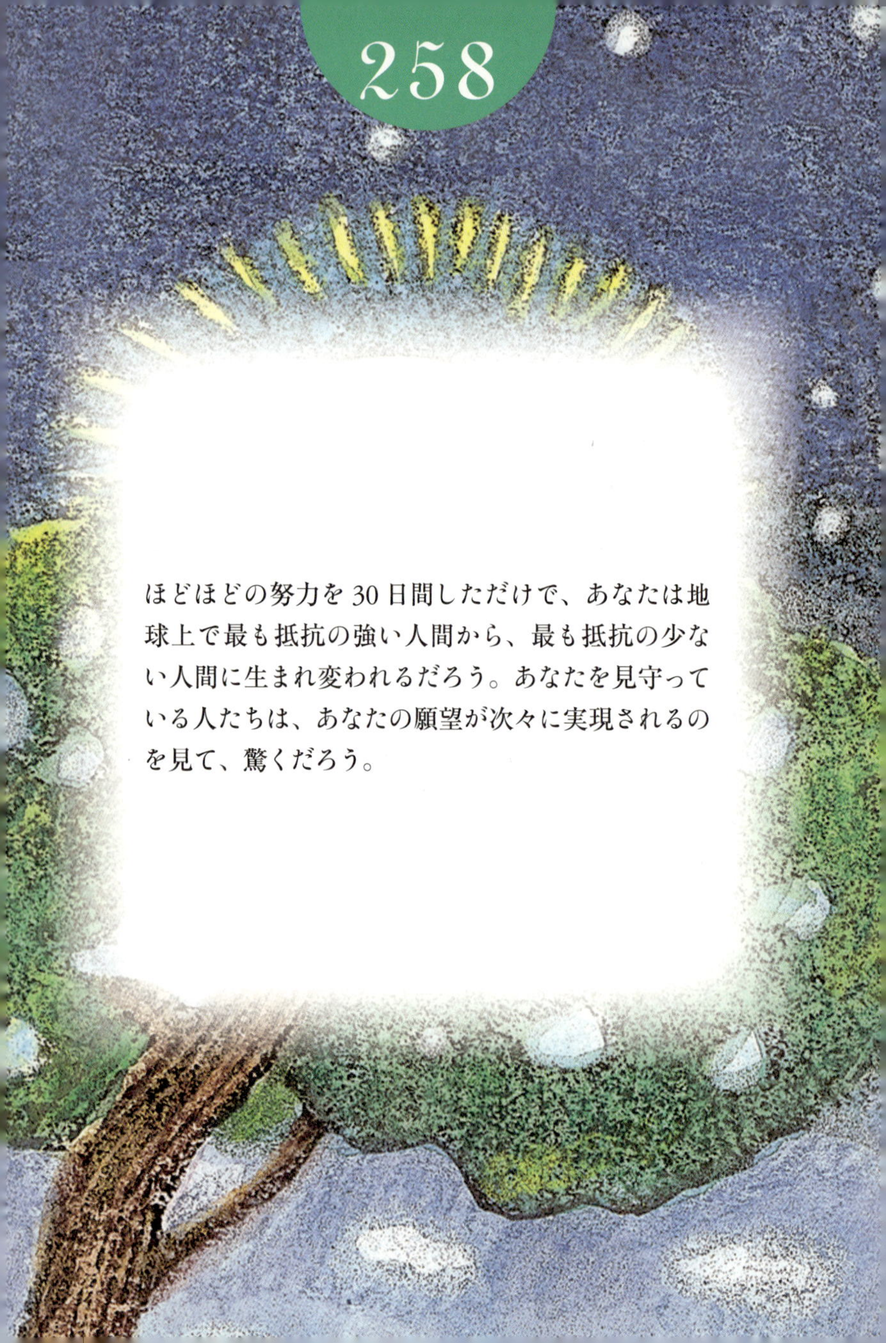

258

ほどほどの努力を 30 日間しただけで、あなたは地球上で最も抵抗の強い人間から、最も抵抗の少ない人間に生まれ変われるだろう。あなたを見守っている人たちは、あなたの願望が次々に実現されるのを見て、驚くだろう。

259

わたしたちはいわばあなたがたを上空から眺めている。あなたがたは閉まったドアの片側に立っており、反対側にはあなたがたがこれまでに求めてきたものがすべてある。ドアに寄りかかって、あなたがたが開けるのを待っているのだ。それらは、あなたがたが求めた最初の瞬間からそこにあったのだ。恋人、完璧な身体、理想の仕事、想像し得るかぎりのお金など、あなたがたが望んできたすべてがあるのだ。

260

小さなもの、大きなもの、あなたがたがとても大切と見なすもの、あまり大切とは見なさないもの、**あなたがたがこれまでに望んだものがすべてあなたがたのドアの外に列をなして並んでいる。**あなたがたがドアを開けた瞬間、すべてのものがあなたがたに流れ込んでくるだろう。そしたら、わたしたちは、「現実となって流れ込んでくるものとのつきあい方」というセミナーを開催するつもりだ。

261

あなたが考えることと、あなたの人生に現れるものとは、常に波動が一致している。同じように、あなたが考えることと、あなたの夢のなかに現れるものとは、常に波動が一致している。

262

あなたが何かについての夢を見るとき、それは常に、あなたが考えた思考に一致する。あなたの夢はすべて、実際にはあなたの創造物なので、あなたが思考を通して創造しなかったものについて夢見ることはあり得ない。あなたの夢に出てきたということは、あなたがそれについて十分に考えたことを意味する。

あなたが最も頻繁に考えていることについてどう感じるかということの本質が、最終的にあなたの人生経験のなかに現れる。だが、それが夢のなかに現れるまで、それほどの時間はかからないし、注意もいらない。それゆえ、あなたの夢は目覚めた状態であなたが何を創造しようとしているかを知るための貴重な情報源になる。

もしあなたが自分の望まないものを創造する過程にあるなら、それが物質世界に現れてから思考を変えるより、それが現れる前に思考の方向を変えるほうが簡単である。

夢を評価する一つの方法を紹介しよう。ベッドに入ったら、夢が正確に思考を反映することを意識的に認める。そして、自分自身にこう言う。「ゆっくり休んで、晴れやかな気持ちで目覚めたい。大切な夢を見た場合、目覚めたときにそれを思い出すだろう」目覚めたら、起床する前に数分間、ベッドに横たわり、「夢を何か覚えているだろうか？」と自問してみる。

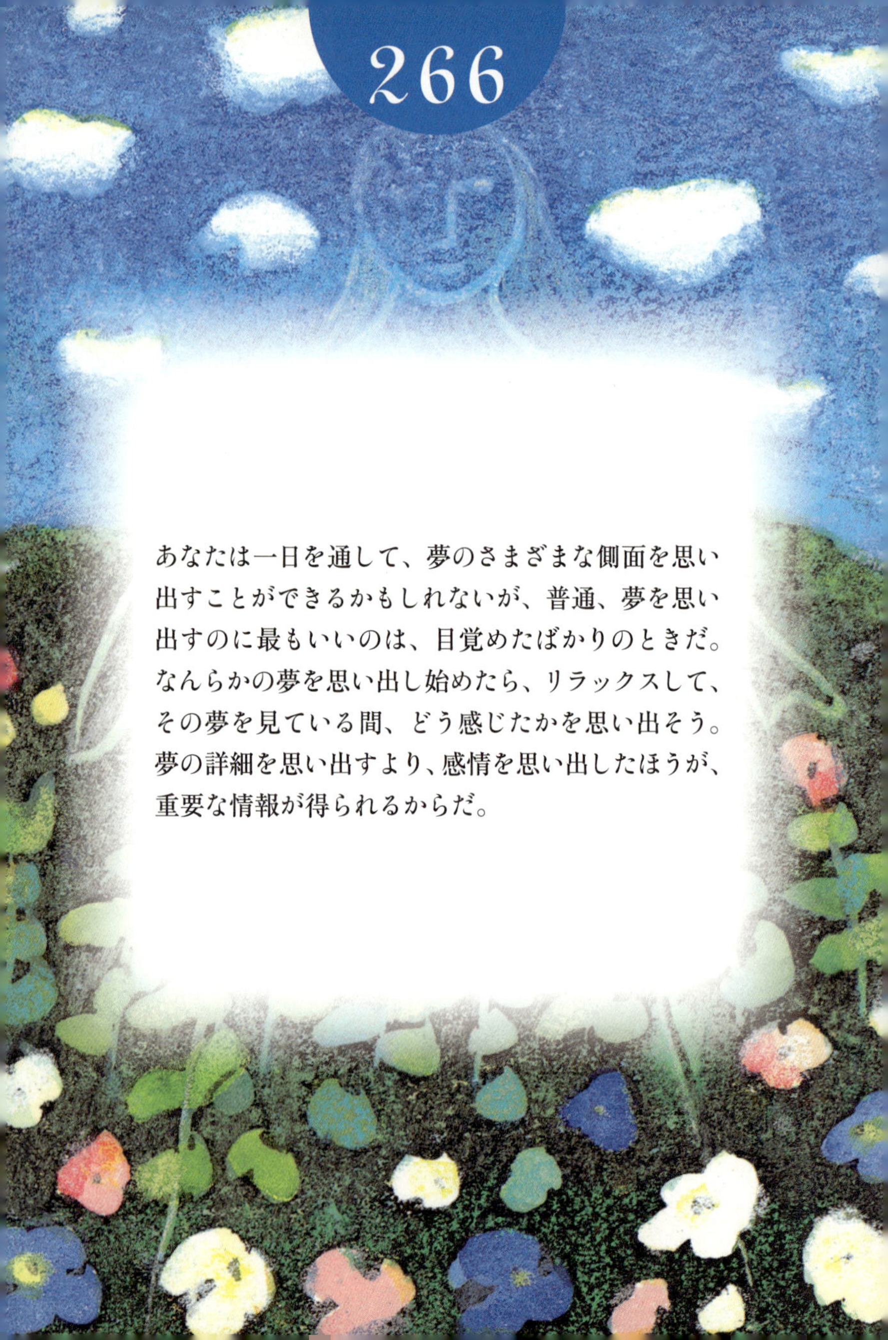

266

あなたは一日を通して、夢のさまざまな側面を思い出すことができるかもしれないが、普通、夢を思い出すのに最もいいのは、目覚めたばかりのときだ。なんらかの夢を思い出し始めたら、リラックスして、その夢を見ている間、どう感じたかを思い出そう。夢の詳細を思い出すより、感情を思い出したほうが、重要な情報が得られるからだ。

どのような対象であれ、それがあなたの経験のなかに現れるほど強力になるためには、それに十分な注意を向けなければならない。それが夢に現れるためにも、相当な注意が必要である。それゆえ、意味のあるあなたの夢はいつも強い感情を伴う。いい感情であれ、悪い感情であれ、はっきりと感情と認められる感情である。

268

「夢を見ていたとき、自分はどう感じただろう？」もしあなたが大変気持ちのいい夢から目覚めたとすれば、夢のテーマに関する自分の優勢な思考が、望むものを顕在化させる方向を向いていることを確信できるだろう。気分の悪い夢から目覚めたら、自分の優勢な思考が、望んでいないものを引き寄せつつあると思うべきである。だが、経験のなかに現れているものに照らして、自分がどこに立っているかわかったとしても、あなたはいつでも新しい決断を下し、思考を変えて、より楽しいものを人生に出現させることができる。

269

夢見ている間は創造しない。あなたの夢は目覚めている間に考えたことの「現れ」である。けれども、いったん目を覚まして、自分の夢について考えたり、話し合ったりすると、それらの思考があなたの未来の創造に影響を及ぼす。

270

夢はあなたの現在の波動の状態に関し、素晴らしい洞察をもたらしてくれることがあり得る。夢の記憶は、あなたが夢のなかで遭遇した見えない世界の思考のかたまりを物質的に翻訳したものである。眠っている最中、あなたは見えない次元のエネルギーに再突入し、さまざまな会話（言葉による会話ではなく、波動による会話）をする。そして、目覚めると、思考のかたまりを物質的なものに翻訳する。

271

長い間、あることを求めてきたのに、実際にはそれが起こらず、夢のなかでそれが起こるのを体験することがある。楽しい気分でその夢を思い出すと、あなたは抵抗の波動を和らげる。すると、あなたの願望は実現可能となる。

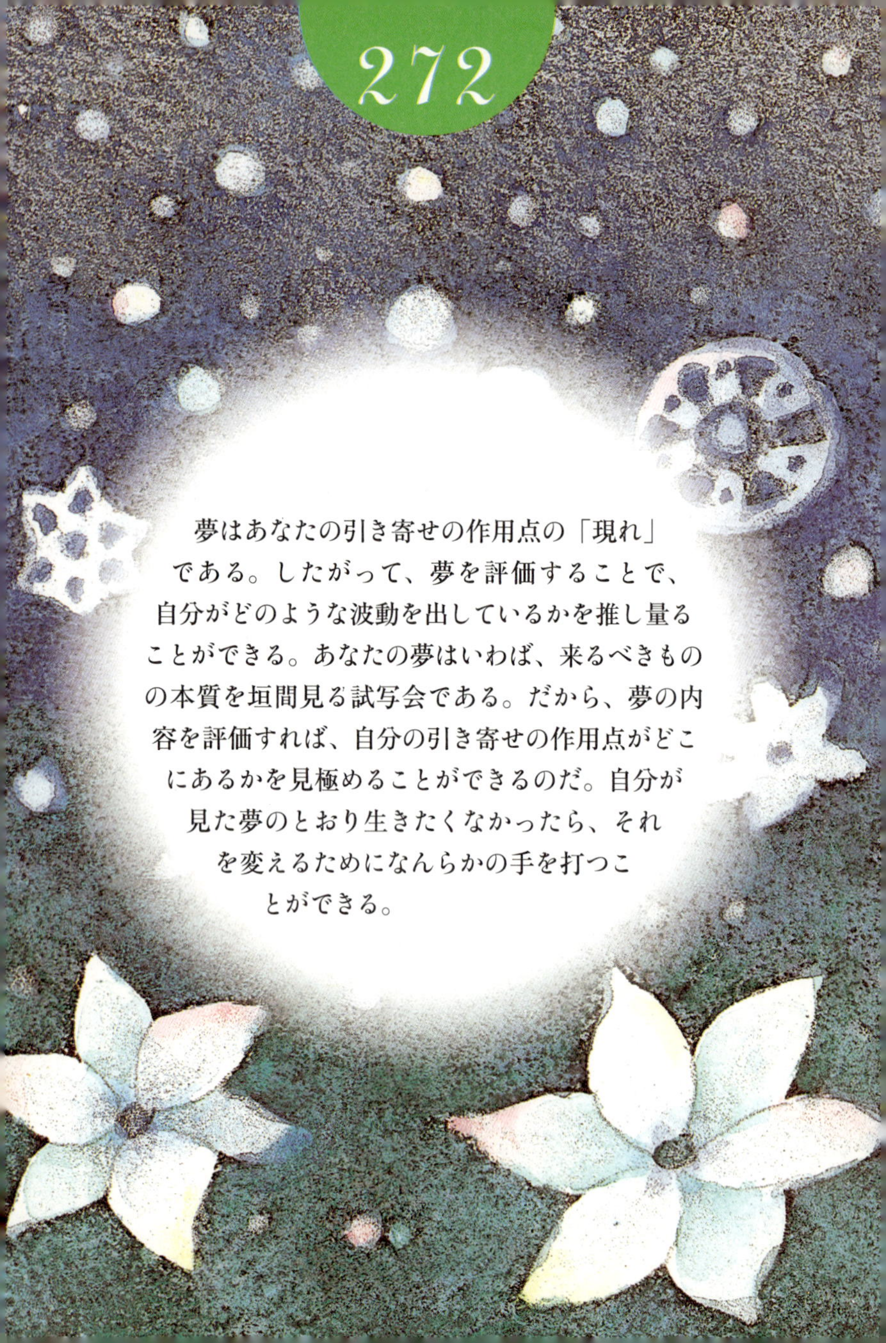

夢はあなたの引き寄せの作用点の「現れ」である。したがって、夢を評価することで、自分がどのような波動を出しているかを推し量ることができる。あなたの夢はいわば、来るべきものの本質を垣間見る試写会である。だから、夢の内容を評価すれば、自分の引き寄せの作用点がどこにあるかを見極めることができるのだ。自分が見た夢のとおり生きたくなかったら、それを変えるためになんらかの手を打つことができる。

273

あなたは周りからの影響で、財政難や身体の不調を招き寄せるエネルギーを出すかもしれない。そのような場合、あなたが未来に何を投影しているかを知っているあなたの「内なる存在」は、あなたが向かっているところを示す夢を提供するかもしれない。あなたは目を覚まして、「そんなふうにはなりたくない！」と思う。そのあとで、「わたしが望んでいるのはなんだろう？　なぜそれを望んでいるのだろう？」と自問すれば、自分が望んでいるものの方向に生産的にエネルギーを送り出し始め、未来の経験を変えることになる。

274

わたしたちは「肯定的側面の本」を作ることを勧めている。それは肯定的な側面に注目するというプロセスを通して、自分の焦点を鮮明にし、明晰さや生き生きとした感情を取り戻すものだ。手ごろなノートを１冊買い求め、表紙に「肯定的側面の本」と書いてもらいたい。

最初のページの冒頭に、あなたがいつも気持ちいいと感じている人ないし物の名前（名称）か、簡単な説明を書き込もう。愛するネコの名前でも、親友や愛し合っている人の名前でもいい。あなたの大好きな街やレストランの名前でもいい。自分が書いた名前や名称に焦点を当てるさい、次のように自問してもらいたい。「わたしはあなたのどこが好きなんだろう？　なぜこんなにもあなたを愛しているのだろう？　あなたの肯定的な側面はなんだろう？」

「肯定的な側面の質問」に対して、なんらかの考えが浮かんできたら、それを気楽に書き留めよう。考えを無理にひねり出そうとしてはならない。リラックスして思いつくままに書き留めればいいのだ。気分のいい思考が続くかぎり書き留め、あとで自分で書いたものを読んで、それらの言葉を楽しんでもらいたい。それでは次のページに移り、あなたが気持ちよく感じている人や物の名前（名称）を書き留め、約 20 分間、さきほどと同じプロセスを繰り返してもらいたい。

277

肯定的な側面を探せば探すほど、あなたはそれを見いだすようになる。そして、より多くの肯定的な側面を見いだせば、もっとたくさん肯定的側面を探したくなる。「肯定的側面の本」を作っていくプロセスで、あなたは自分自身のなかに、高い幸せの波動（本来のあなたと一致する）を活性化するようになるだろう。あなたは素晴らしい気分になるだろう。そればかりか、この波動が習慣化し、あなたの主要な波動になるだろう。その結果、あなたの経験のあらゆる側面が、この高い波動を反映するようになるだろう。

278

「肯定的側面の本」の恩恵はたくさんある。書いている間、あなたは素晴らしい気分になるだろう。現在、どんなに良好な引き寄せの作用点を持っていたとしても、さらにそれは改善され続けるだろう。あなたが取り上げるそれぞれのテーマとの関係はより豊かに、満足のいくものになるだろう。「引き寄せの法則」は、あなたが楽しむことができる、より素晴らしい人物、場所、経験、物をもたらすだろう。

279

自分が望んでいることに焦点を当てると、あなたはいい気分になる。いい気分になると、あなたは肯定的な引き寄せのモードに入る。だとすれば、あなたの最も重要な仕事は、道に開いた穴ぼこに注目するのをやめ、あらゆるものの肯定的な側面、つまりあなたを元気づける部分を探すことではないだろうか？

自分を気分よくさせてくれる思考にもっと注意を向けるようあなたがたに勧めたい。すべての思考をコントロールしなければならないほど過激なものに注意を向けるのではない。**自分が見たいものを探すと決意すればいいのだ。**それは難しい決定ではないが、あなたが経験することに大きな違いをもたらす可能性がある。

281

もしわたしたちがあなたの立場だったら、何かの「現実」にではなく「波動」に注意を向けるだろう。わたしたちのことを知りたがっている人たちにこう言いたい。「わたしは気持ちがよければ、それに全面的な注意を向け、そうでなければ、それをまったく見ない」と。あなたは注意を向けるものの本質を創造することができるし、創造することになるのだ。

282

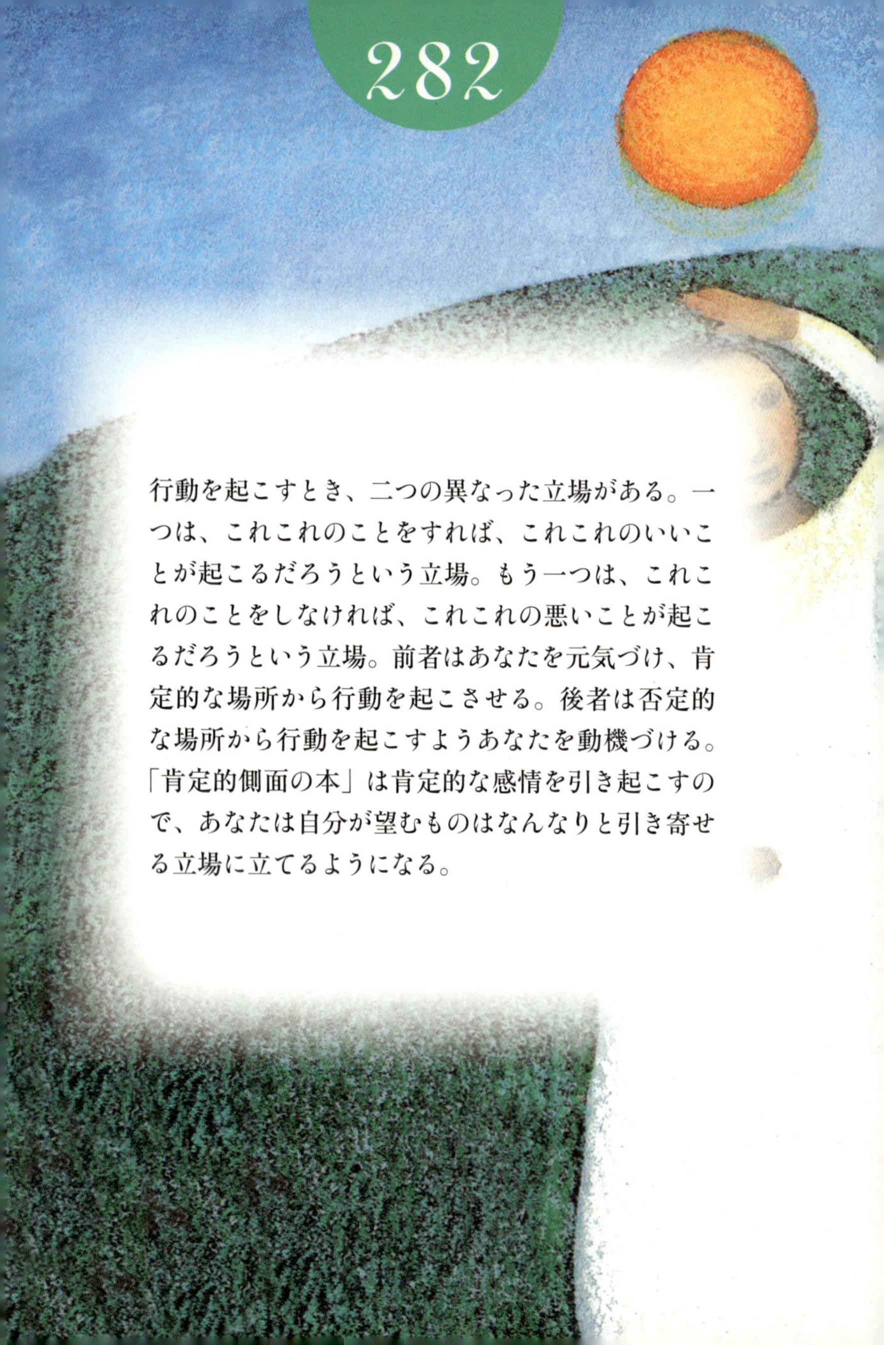

行動を起こすとき、二つの異なった立場がある。一つは、これこれのことをすれば、これこれのいいことが起こるだろうという立場。もう一つは、これこれのことをしなければ、これこれの悪いことが起こるだろうという立場。前者はあなたを元気づけ、肯定的な場所から行動を起こさせる。後者は否定的な場所から行動を起こすようあなたを動機づける。「肯定的側面の本」は肯定的な感情を引き起こすので、あなたは自分が望むものはなんなりと引き寄せる立場に立てるようになる。

283

「脚本を書くプロセス」は次のように進行する。自分を作家と見なし、何を書こうと、それが書いたとおりに演じられると信じる。あなたの唯一の仕事は、自分が望むとおりにすべてを事細かく述べることだ。

284

「脚本を書くプロセス」は自分の願望についてより具体的になるのを助けてくれる。自分が正確に何を望んでいるかに関してより明晰になれば、自分の焦点の力を感じられるようになるだろう。一つのテーマに長く集中すればするほど、そして、細部が明らかになればなるほど、エネルギーは速く動くようになる。熟練すれば、実際に自分の願望の力が感じられるようになる。宇宙の力が収束するのを感じることができるのだ。しばしばあなたは自分の感じ方によって、ブレイクスルーが起こる寸前であることや、願望が実現しそうなことを知ることができるだろう。

285

あなたは自分の人生の脚本を書く波動作家である。宇宙のなかの住人は全員、あなたが割り当てた役を演じている。あなたは文字どおり望みのままの人生を脚本に書くことができる。宇宙はあなたが真に望む人々、場所、出来事を届けてくれるだろう。というのも、あなたは自分自身の経験の創造者だからだ。あなたはただ決定し、そうなることを許容・可能にすればいいのだ。

脚本の執筆は、あなたが宇宙に向かってこうであってほしいと宣言するのを助けるために、わたしたちが提供するプロセスの一つだ。脚本は、あるがままに物事を語るあなたの習慣を打ち破り、こうであってほしいことを語る手助けをする。それは、あなたが意図的に波動を出すのを助けてくれるのだ。

287

自分の脚本に書かれていることをたびたび繰り返していれば、あなたはそれを現実として受け入れ始める。現実を受け入れるようにそれを受け入れれば、宇宙はそれを信じ、同様に反応する。

288

「わたしは～を好む」「わたしは～が好きだ」「わたしは～に感謝する」「わたしは～が欲しい」と言ったその瞬間、あなたの天国の部分である見えない世界のエネルギーが、あなたの願望の実現を調整し始める。あなたが語り終わらないうちにエネルギーが流れ出し、言葉では説明できないからくりを通して、願望実現に向けて状況や出来事が整い始めるのだ。もしあなたが抵抗しなければ、物事は実に素早く起こる。

あなたは自分が望むものを宇宙に
語り続ける必要はない。一度、宇宙に告
げるだけでいいのだ。語り続けることのよさは、
願望がより鮮明になるということ。自分が何を望
んでいるかが鮮明になり、それに焦点を定めれば、
それはあなたに向かって旅立つ。つまり、それは
実現されたということである。しかし実際に現実
となって現れるのは、あとになるだろう。なぜ
なら、大抵の場合、抵抗があるため、即座
にはそれを受け入れられないからだ。

あなたがなんらかの身体症状に注意を奪われているとすれば、現状に注意を向けることによって、未来にそれを投影しているのだ。しかし、異なった未来の経験に焦点を当てれば、あなたのなかで異なる体験が活性化される。それを未来に投影すれば、身体症状へのとらわれから解放されるだろう。

291

あなたがたは自分ではそれと気づかずに、絶えず未来の経験を前払いしているのだ。さまざまな期待を未来の経験に絶えず投影しているのだ。そんなあなたがたに、わたしたちは「節目ごとの意図確認」を勧める。あなたがたが未来に投影しているものを意識する助けになるし、未来の節目をコントロールする力をあなたに与えてくれるからだ。

意図が変わるときはいつでも、新しい節目に入る。皿を洗っていて電話が鳴ったとき、車に乗り込むとき、他人が部屋に入ってきたとき、あなたは新しい節目に入る。新しい節目に入る前に、期待を抱く時間を持てれば、その節目に入り込んでから、ありのままの状態を観察し始めるより、その節目の基調をより具体的に設定できるだろう。

293

「節目ごとの意図確認」をする場合、小さなノートを携帯し、実際に立ち止まってノートに自分の意図をリストアップしながら、節目を確認したほうが効率的で効果があるかもしれない。というのも、書いているとき、あなたは最も明晰で、最も集中している自分に気づくからだ。

294

同時に多くのものを望めば、混乱する。だが、特定の瞬間に自分が望んでいるものの細部にもっぱら焦点を当てれば、自分の創造に明晰さと力——すなわち速度——をもたらす。それが「節目ごとの意図確認」の要点である。新しい節目に入ったら、立ち止まり、自分が最も望んでいるものは何かを確認するのだ。そうすればそれに注意を向け、力を引き出すことができる。「節目ごとの意図確認」を心がけていれば、あなたは一日を通してのそれぞれの節目で、意図的で磁力のある引き寄せる者ないし創造者になれるだろう。

295

わたしたちは、あなたが既に気分がいいときに、「節目ごとの意図確認」を適用することを勧める。この瞬間、気分が悪かったら、現在の気分や引き寄せの作用点を改善するために、何かほかのことをしてもらいたい。そして、気分がよくなったら、この強力な「節目ごとの意図確認」のプロセスに戻ればいいだろう。

296

「節目ごとの意図確認」の価値は、一日に何度も立ち止まって、自分がしていることが本当にしたいことなのかどうかを確認することにある。確認するとき、「わたしはこれが欲しい」とか「わたしはこれがしたい」と口に出して言うよう勧めている。そうした強力な言葉を発すると、あなたは「選択的な軌道修正」を行い、自分が望んでいるものを引き寄せることになる。

297

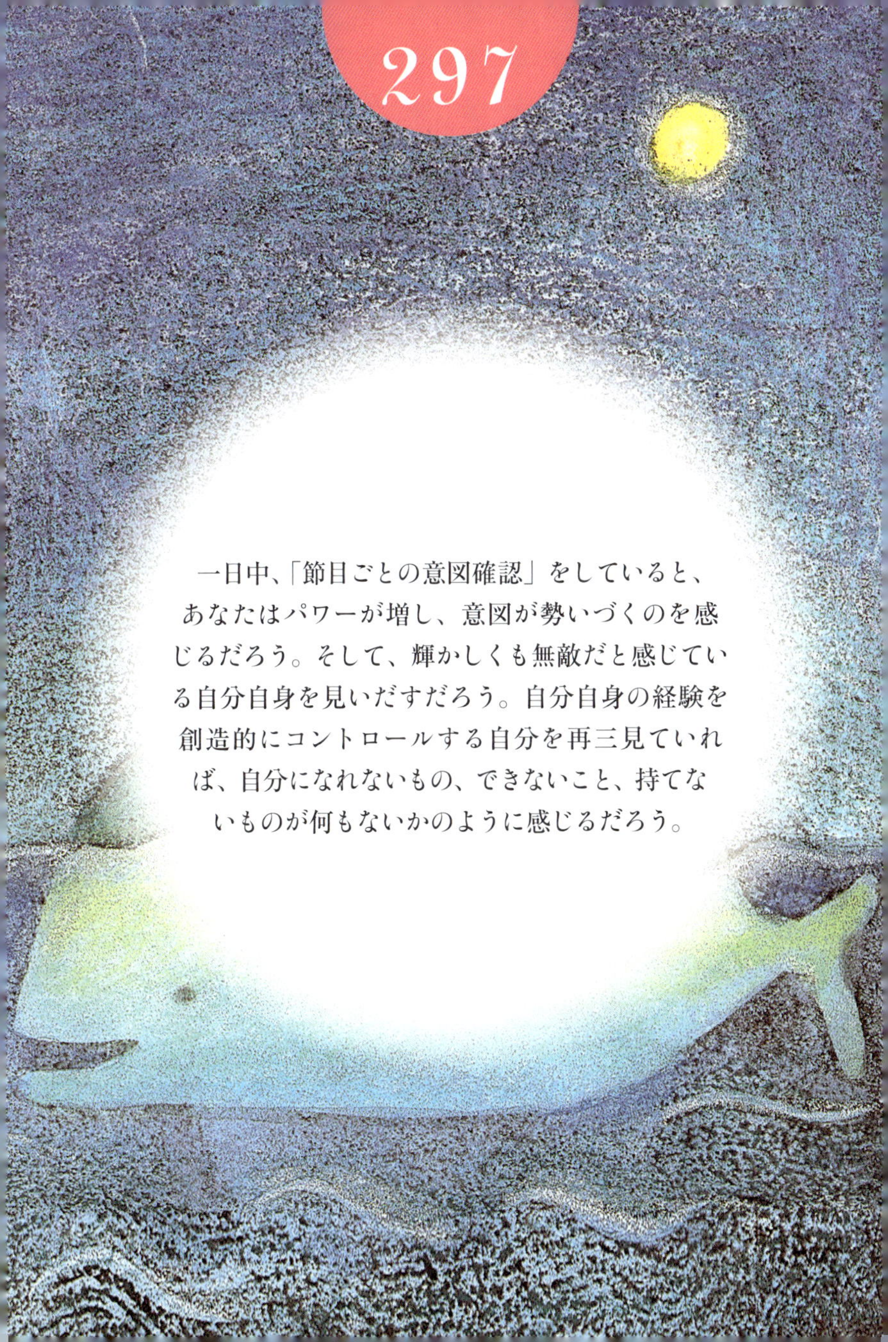

一日中、「節目ごとの意図確認」をしていると、あなたはパワーが増し、意図が勢いづくのを感じるだろう。そして、輝かしくも無敵だと感じている自分自身を見いだすだろう。自分自身の経験を創造的にコントロールする自分を再三見ていれば、自分になれないもの、できないこと、持てないものが何もないかのように感じるだろう。

「わたしはまだ実現していないこれこれのことを実現したい」と言うとき、あなたは自分が望むものの波動を活性化するだけではなく、望むものが欠落した状態の波動をも活性化しているのだ。そのため、なんの変化も生じない。たとえ、上に掲げた文章の前半部分を口に出して言わずに、「わたしはこれこれのことを実現したい」とだけ言ったとしても、あなたのなかには語られない波動が存在し、願望を許容・可能にしない状態を維持させ続ける。

「この願望がかなえられたら、すてきじゃない？」と言うとき、あなたはほとんど抵抗のない期待を掲げる。自分自身に対する問いかけは、あなたからより肯定的で期待の持てる反応を引き出す。この単純で強力なゲームは、あなたの波動を引き上げ、引き寄せの作用点を改善させるだろう。なぜなら、自然にあなたを、あなたが望むもののほうに向かわせるからだ。「～したら、すてきじゃない？」という言い方は、あらゆる領域で、あなたが求めてきたものを招き入れることに手を貸すだろう。

300

あなたの願望の的がなんであれ、「〜したら、すてきじゃない？」と問いかければ、オーケストラが曲を奏でるように、すべては調整される。したがって、「〜したら、すてきじゃない？」と言いながら、宇宙がそれに協力してくれると信じれば、必ずそうなる。

301

あなたが何かを望む場合、基本的に焦点の当て方は２通りある。一つは、自分が望むものにストレートに焦点を当てるやり方、もう一つは自分が望むものが欠けていることに焦点を当てるやり方である。これらがまったく異なる波動を持っていることを理解していないと、自分が望むものに焦点を当てているつもりが、その「欠落」に焦点を当てている場合がある。

302

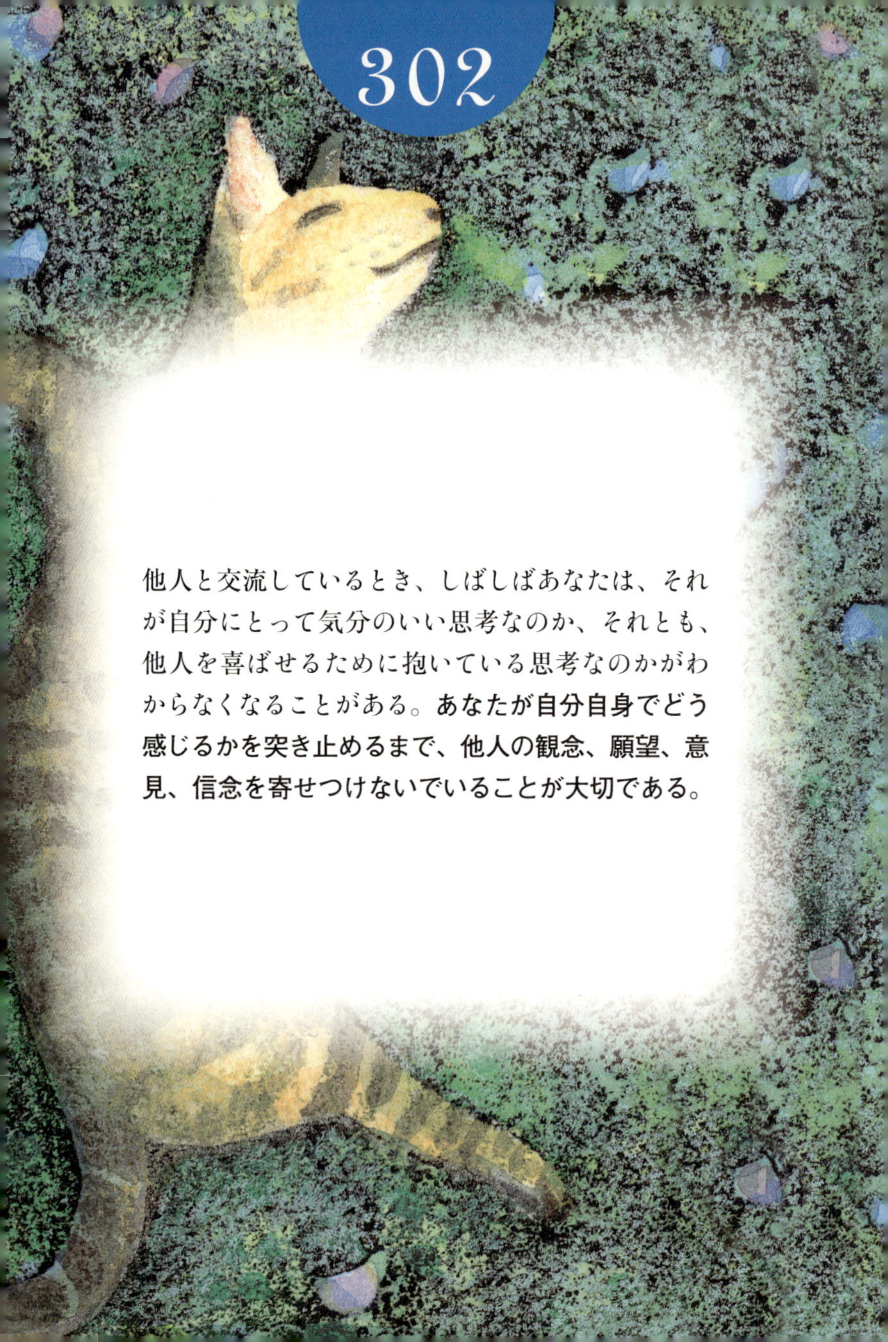

他人と交流しているとき、しばしばあなたは、それが自分にとって気分のいい思考なのか、それとも、他人を喜ばせるために抱いている思考なのかがわからなくなることがある。**あなたが自分自身でどう感じるかを突き止めるまで、他人の観念、願望、意見、信念を寄せつけないでいることが大切である。**

303

あなたの思考は、あなたとかかわりのある物や人の行動を変える。あなたの思考が引き寄せの作用点として働くからだ。あなたの気分がよくなればなるほど、周囲に望みの物や人間が集まってくる。落ち込んでいたあなたが何かのきっかけで希望を見いだし、晴れやかな気持ちになったとたん、状況や環境があなたの感情と一致するものに変わり始める。ところで、わたしたちが勧めるゲームの一つに、「どちらが気持ちよく感じられるだろう？」と自問するゲームがある。このゲームは、自分自身の思考が周囲のあらゆるものに影響を及ぼす力を持っていることを認識する助けになる。

304

例えば、「借金をするという考えと、お金の調達が可能になるまで待つという考え、どちらが気分よく感じられるだろう？」気分がいいのは後者だろう。では、「しぶしぶ承知したと言うのと、未来に期待して承知したと言うのとでは、どちらが気分よく感じられるだろう？」気分よく感じられるのは後者だろう。
感謝することと非難すること、どちらが気分よく感じられるだろう？　自分のしたことを称賛することと、自分がしたことは十分ではなかったと批判することとは、どちらが気分よく感じられるだろう？　自分で考えてみてもらいたい。

305

あらゆるものは独自の波動を持ち、あなたは人生におけるすべてのものと波動レベルで関係を持つ。それゆえ、あなたの個人的な持ち物はあなたの感じ方や引き寄せの作用点に影響を与える。

ときどき、散らかっても気にならないとわたしたちに言う人たちがいる。そんなときわたしたちは、「あなたたちにとって、散らかったものを整頓するプロセスが必要ないのだ」と告げる。けれども、すべてのものは波動を持っているので、実際にはほとんどの人が、散らかっていない環境のなかで気分よく感じる。

307

今のあなたがたに必要のないものはすべて捨てなさい。現在、着ていない衣服や使用していないものを手放すことができれば——それらを手放して、よりきれいな場所に身を置くのだ——、現在のあなたがたに調和するものが簡単に経験のなかに流れ込んでくるだろう。あなたがたはすべて、引き寄せる能力を持っている。それなのに、望んでいないものに取り囲まれていると、新しい引き寄せの速度が鈍くなり、欲求不満や圧迫感を感じるようになるだろう。

308

あなたは豊かさを引き寄せるために、実際に豊かになる必要はないが、豊かであると感じなければならない。**豊かさに欠けているという感情を少しでも抱くと、豊かさを許容・可能にしない抵抗を生み出す。**

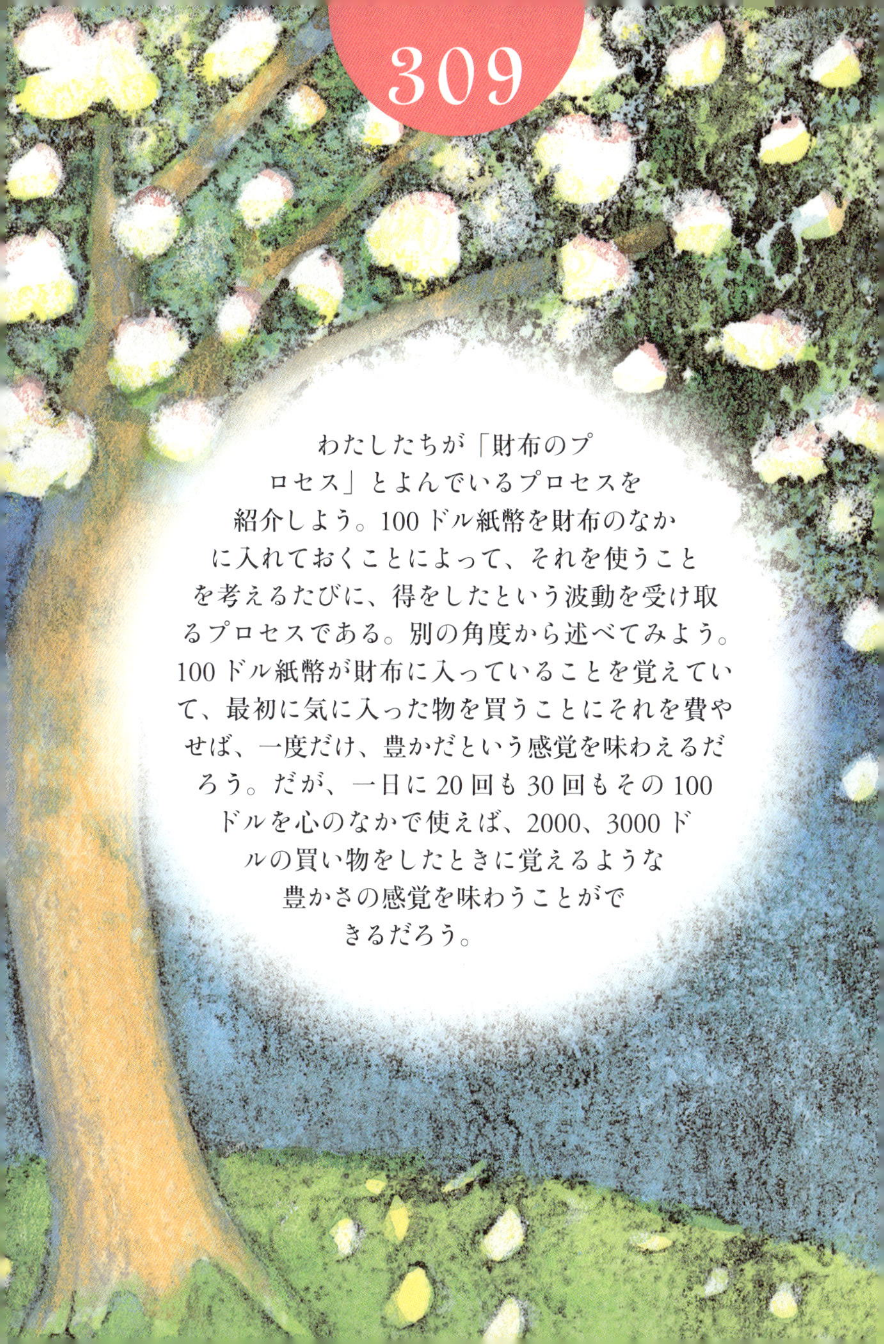

わたしたちが「財布のプロセス」とよんでいるプロセスを紹介しよう。100ドル紙幣を財布のなかに入れておくことによって、それを使うことを考えるたびに、得をしたという波動を受け取るプロセスである。別の角度から述べてみよう。100ドル紙幣が財布に入っていることを覚えていて、最初に気に入った物を買うことにそれを費やせば、一度だけ、豊かだという感覚を味わえるだろう。だが、一日に20回も30回もその100ドルを心のなかで使えば、2000、3000ドルの買い物をしたときに覚えるような豊かさの感覚を味わうことができるだろう。

あなたがそうした素晴らしい金銭的な豊かさの感覚を味わったとたん、一見、魔法に思えるような出来事が起こり始めるだろう。あなたが現在稼いでいるお金は、もっと増えていくように思えるだろう。いろいろなところから予期せぬ額のお金があなたの経験のなかに流れ込んでくるだろう。

偉大な豊かさがもたらしてくれる快感を味わい尽くすには、まず偉大な豊かさに好感を抱かなければならない。

312

最初に、自分が欲していないものを自覚することは、自分が欲するものを突き止める手助けになる。つまり、あなたが自分の願望の言葉を口にするとき、あなたの波動はそれらの言葉に同調しないかもしれない。そんなときには、転換のプロセスを使えばいい。ネガティブな感情を覚えたら、望んでいないことに焦点を当てている証拠だから、立ち止まって、こう自問するのだ。「自分が何を望んでいないかは知っている。では、自分が望んでいるものはなんだろう？」そうすれば、やがて、あなたの波動が変わり、望みのものを引き寄せる態勢が整うだろう。

313

自分では気づかないうちに、自分が本当に望んでいるのとは反対の方向に注意を向けていることはあり得る。それは一本の棒の両端のようなものである。棒を拾い上げれば、その両端も拾い上げることになるのだ。転換のプロセスは、現在、あなたが棒のいずれの端を活性化しているかを自覚するのを助けてくれる。あなたが望んでいるほうの端なのか、それとも、望んでいるものが欠如しているほうの端なのかを自覚させてくれるのだ。

転換のプロセスを、引き寄せの作用点を徐々に変換するプロセスと見なそう。そして、そのあとに必ず続く肯定的結果を楽しもう。自分が望んでいることに一貫して注意を向けているのに、それを受け取れないということはあり得ない。あなたが主として焦点を当てるものはなんでも、あなたの経験のなかに流れ込んでくることを「引き寄せの法則」が保証しているからだ。

345

最も重要なのは、あなたが自分の経験を引き寄せている、ということだ。自分が提示する思考によって経験を引き寄せるのだ。思考は磁力を持っている。あなたがある考えを抱くと、それが別の思考を、そしてそれがまた別の思考を、という具合に、次々に思考を引き寄せていき、最終的に、あなたの思考の対象となってきたものの本質が物質的な現象となって現れるのだ。

316

あなたが自分のなかの偉大な知恵と調和しない思考を抱くと、生命力――「内なる存在」から身体の器官に送り出されるエネルギー――の流れが妨げられるか、制限される。その結果、あなたはネガティブな感情を覚える。長時間、そうしたことが続くのを許していると、身体の器官が障害を起こす。あらゆる病気はネガティブな感情を許容した結果であるとわたしたちが言うのはそのためだ。

347

ネガティブな感情が、自分のなかの偉大な知恵と調和していないことを示す指標であることを理解したとき、あなたがたの多くは「もっと多くの時間、気分よくなりたい」と言える地点に達する。それは素晴らしい気づきである。というのは、「気分よくなりたい」と言うとき、あなたがたは実際には、「肯定的なものを引き寄せる場所にいたい」とか「気分がいいときに自分が考える思考が、自分の偉大な自覚に調和する場所にいたい」と言っているのだ。

318

自分が望んでいないものを経験しているときほど、自分が望んでいるものがはっきりするときはない。だから、立ち止まって、「ここには重要なものがある。そうでなかったら、こんなにもネガティブな気持ちにはならないだろう。わたしは自分が望むものに焦点を当てる必要がある」と言って、自分が望んでいるものに注意を振り向ければ、その瞬間、ネガティブな感情と引き寄せがやみ、肯定的な引き寄せが始まるだろう。そして、あなたの感情は気分がいいものに変わるだろう。それが「転換のプロセス」である。

気分が悪いとき、あなたはおもしろくないものを引き寄せている。そんなときは必ず、自分の欲しいものが欠けていることに焦点を当てている。転換のプロセスとは自分が望んでいるものを意識的に突き止めようとすることだ。ネガティブな感情が悪いものだと言うつもりはない。ネガティブな感情を覚えたとき、否定的なものを引き寄せつつあるという事実に気づかされることが多いからだ。つまり、それは「警鐘」のようなものなのだ。それは「感情というナビゲーションシステム」の一部なのだ。

320

自分がネガティブな感情を感じていることに気づいたとき、自分を打ちのめすのはやめてもらいたい。代わりに、できるだけ早く立ち止まって、こう言ってもらいたいのだ。「わたしはネガティブな感情を感じている。それは、自分が欲していないものを引き寄せつつあることを意味する。では、わたしが欲しているものはなんだろう？」

321

転換のプロセスの一つの例は、「気分がよくなりたい」と言うことだろう。気分が悪いときにはいつでも立ち止まって、こう言ってもらいたい。「わたしが欲しているのは、気分がよくなることだ」そうすれば、肯定的な方向に向かう思考が訪れ始めるだろう。そして思考が次々に思考を引き寄せ、すぐにあなたは自分のなかの偉大な知恵と調和する波動で振動するようになるだろう。そうなれば、肯定的な創造が本格的に始動する。

322

思考と思考が結び付く仕方について、ひょっとしたらあなたがたが見逃しているかもしれないので、次のことを指摘しておきたい。気分よくさせてくれるちょっとした思考から、**気分よくさせてくれるほかの思考に次々に移動していくことのほうが、気分の悪い場所からいきなり気分のいい場所に行くより、はるかに容易だということだ。**

323

世界を救おうとしてはならない。自分自身を救おう。ということは、自分を気分よくさせてくれるものに焦点を当てる必要があるということだ。転換のプロセスは、あなたを望んでいるところに連れていってくれる道具である。それはあなたが意識的に次のように決意するプロセスである。「わたしは自分が望むものを探したい。自分が望むものが欠けている方向はもう見ない」

324

転換は、時間ごと、節目ごとに行う肯定的なものを選ぶ持続的なプロセスだ。それはあなたの気分がよくなる方法である。そして、望んでいるものをなんでも手に入れることができる方法である。

325

ときどき、わたしたちに
こんなふうに言う人たちがいる。
「だけど、エイブラハム、これを無視することはできません。だって、真実なんですもの！」わたしたちはこう答える。「それが真実なのは、ただ誰かがそれに注意を向けることによって、真実にしたからなのだ」おわかりのとおり、あなたがたがここで実際に言っているのは次のようなことだ。「誰かがこれに注意を向け、『引き寄せの法則』によって、彼ら自身の経験に招き入れたゆえに、わたしも同じことをするのだと思う。言い換えれば、たとえその気がなくても、わたしは誰かが注意を向けたおかげで、それを自分自身の現実のなかで創造してしまうのだ」

326

「引き寄せの法則」は極めて強力なので、あなたがたったの17秒間、ある思考を抱いたとしても、それに似た別の思考が加わる。それらの二つの思考がいっしょになると、燃焼が起こり、あなたの思考はさらに強力になる。

あなたの力の作用点は現在にある。あなたは過去について、また、現在や未来について考えるかもしれない。だが、すべては今、行っているのだ。あなたは今、振動している。今、波動を出している。生命力の喚起とそれが自分のなかを流れるのを許容・可能にすることの間にある創造的な緊張は、すべて今、ここで起こっている。

お城であれ、ボタンであれ、それを注意の対象として用いれば、それは生命力を呼び出す。人生が必要とするのは生命力の「感覚」である。あなたが生命力を喚起する理由は重要ではない。言い換えれば、税金の準備をすることに、オーシャン・クルーズの計画を練るときと同じぐらいの喜びを感じるのは可能だということだ。

幸せを感じていないのに、幸せそうな言葉を使っても無駄である。「引き寄せの法則」はあなたの言葉ではなく、あなたから放出される波動に反応する。幸せそうな言葉を使っているのに、他方で自分自身の幸せに激しく抵抗する、ということがあり得るのだ。あなたが用いる言葉は重要ではない。どう感じるかが重要なのだ。

願望を実現して生きるのがどんな感じかに焦点を当てながら、願望が実現していない状態を感じるのは不可能である。経験を積めば、いわゆる「局面を一変させる」ことができる。願望がまだ実際には実現されていなくても、実現されたかのような波動を送り出すのだ。そうすれば、必ず実現される。

宇宙はあなたからなんらかの波動を受け取るとき、それが現実の体験に基づくものなのか、それとも想像上の体験に基づくものなのか、区別がつけられない。いずれの場合にも、宇宙はその波動に応え、願望が実現される。

「感じる場所を見つけるプロセス」のねらいは、お金が入ってくるのを許容・可能にする波動をあなたに放出させるイメージを思い浮かべることにある。あなたの目標は、自分にとって気分がいいイメージを生み出すこと。また、十分なお金を持っていないことがどんな感じかを「感じる場所」ではなく、十分なお金を持っていることがどんな感じか「感じる場所」を見つけることだ。

333

「感じる場所を見つけるプロセス」は、やればやるほど上手にできるようになり、おもしろ味も増していく。楽しいふりをするか、楽しい思い出を選択的に思い浮かべれば、あなたは新しい波動を活性化する。そして、あなたの引き寄せの作用点が変わる。引き寄せの作用点が変わると、新しい「感じる場所」を見つけたすべての分野で、あなたの人生は好転する。

334

負債には何も間違ったところはない。ただ、負債が重い荷物のように感じられるなら、お金にまつわるあなたの波動は抵抗の波動だといってよい。荷物が取り除かれれば、軽く自由になり、抵抗も取り除かれる。そうすれば、あなたは、幸せが経験のなかに流れ込んでくるのを許容・可能にする立場に立つ。

335

城を生み出すのは、ボタンを生み出すのと同じぐらい簡単である。それは単に城に焦点を当てるか、ボタンに焦点を当てるかの問題にすぎない。だが、ボタンを生み出すのは、城を生み出すのと同じぐらい満足のいくものになり得る。城であれボタンであれ、あなたがそれを注意の対象にすれば、それは生命力を喚起する。人生とは生命力の感覚である。あなたがなぜそれを喚起しているかは重要ではない。

極めて肯定的な金銭的な豊かさの流れを生み出したらどうだろう？　お金が簡単に入ってくるところを視覚化することに長けたらどうだろう？　お金を使って、より多くの人に機会を与えてはどうだろう？　買い物をたくさんして、より多くの人に仕事を与えること以上に賢明なお金の使い方はあるだろうか？　あなたがお金を使えば使うほど、より多くの人が利益を得、そのゲームに参加し、あなたとつながるようになる。

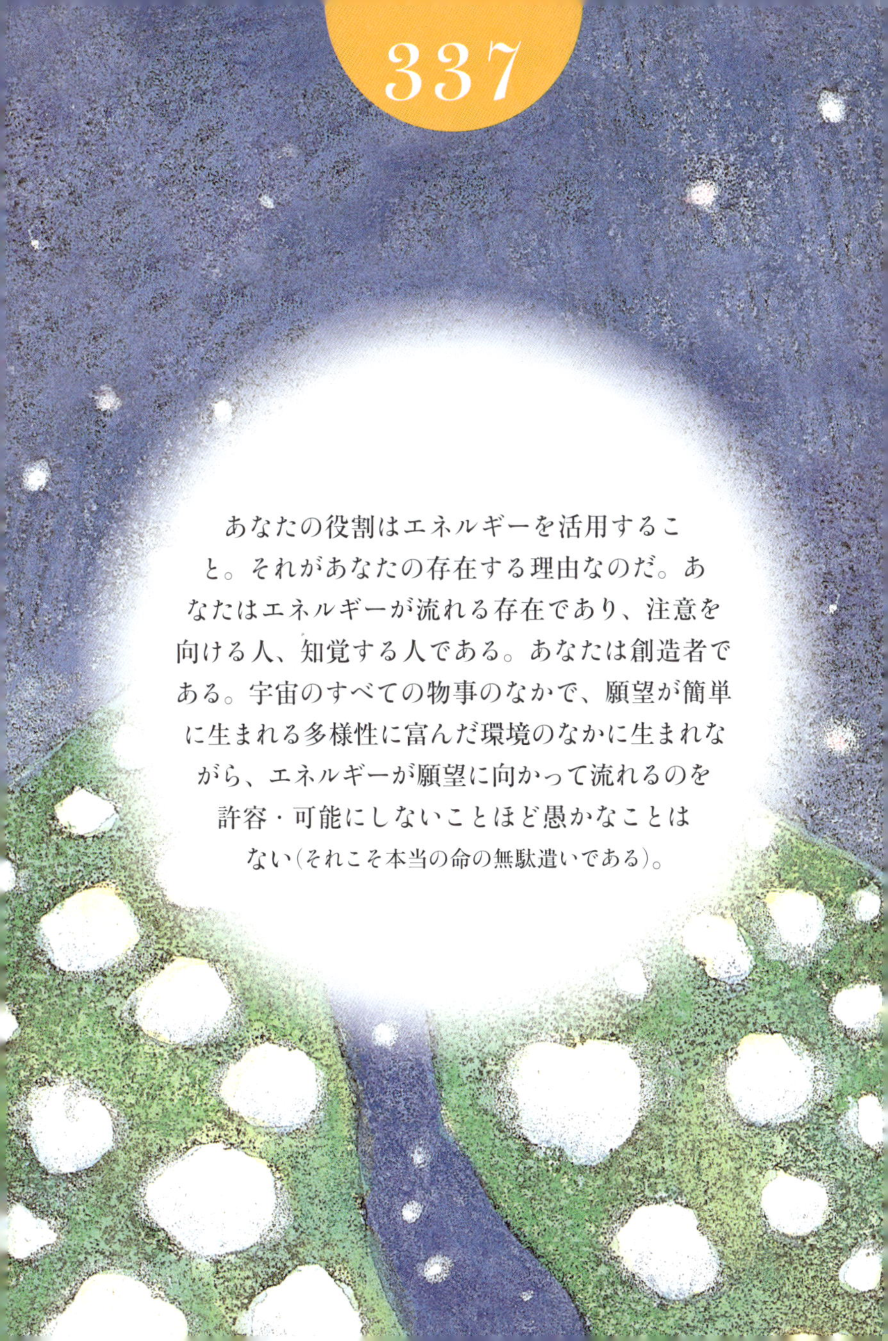

337

あなたの役割はエネルギーを活用すること。それがあなたの存在する理由なのだ。あなたはエネルギーが流れる存在であり、注意を向ける人、知覚する人である。あなたは創造者である。宇宙のすべての物事のなかで、願望が簡単に生まれる多様性に富んだ環境のなかに生まれながら、エネルギーが願望に向かって流れるのを許容・可能にしないことほど愚かなことはない（それこそ本当の命の無駄遣いである）。

338

「高級な仕事」も「低俗な仕事」もない。ただ集中する機会があるだけだ。あなたはどんな仕事においても満足を感じることができる。というのも、あなたは思考の最先端にいて、何をしようと、源《ソース》があなたを貫いて流れているからだ。エネルギーが流れることを許容・可能にすると決断すれば、何をしても楽しむことができるのだ。

339

スピリチュアルか物質的かが問題なのではない。願望実現にまつわるすべてのことはスピリチュアルである。すべては魂の最終生産物なのだ。なんの証明もいらない。スピリチュアルな自分になり、物質的な悪魔のように創造しなさい。

あなたが経済的に衰退しても貧しい人たちを豊ませることにはならない。あなたは貧しい人たちが繁栄するのを助けられるほど貧しくはなれない。あなたが誰かに提供するものを持てるのは、自分が繁栄することによってだけである。もし他人の助けになりたければ、でき得るかぎり力を持ち、波長を合わせ、ワクワクしてもらいたい。

経済的な豊かさの例を示してくれる人たちに感謝しよう。周囲に実例がなかったら、繁栄が可能であることをどのようにして知ればいいだろう？　すべてはコントラストの問題である。お金は幸せのルーツではないが、「悪のルーツ」でもない。お金は人がエネルギーをどう使ったかの結果である。もしお金が欲しくなければ、引き寄せてはならない。だが、お金を持っている人たちを批判しているかぎり、自分が望んでいる健康、明晰さ、幸せといったものも手に入らないだろう。

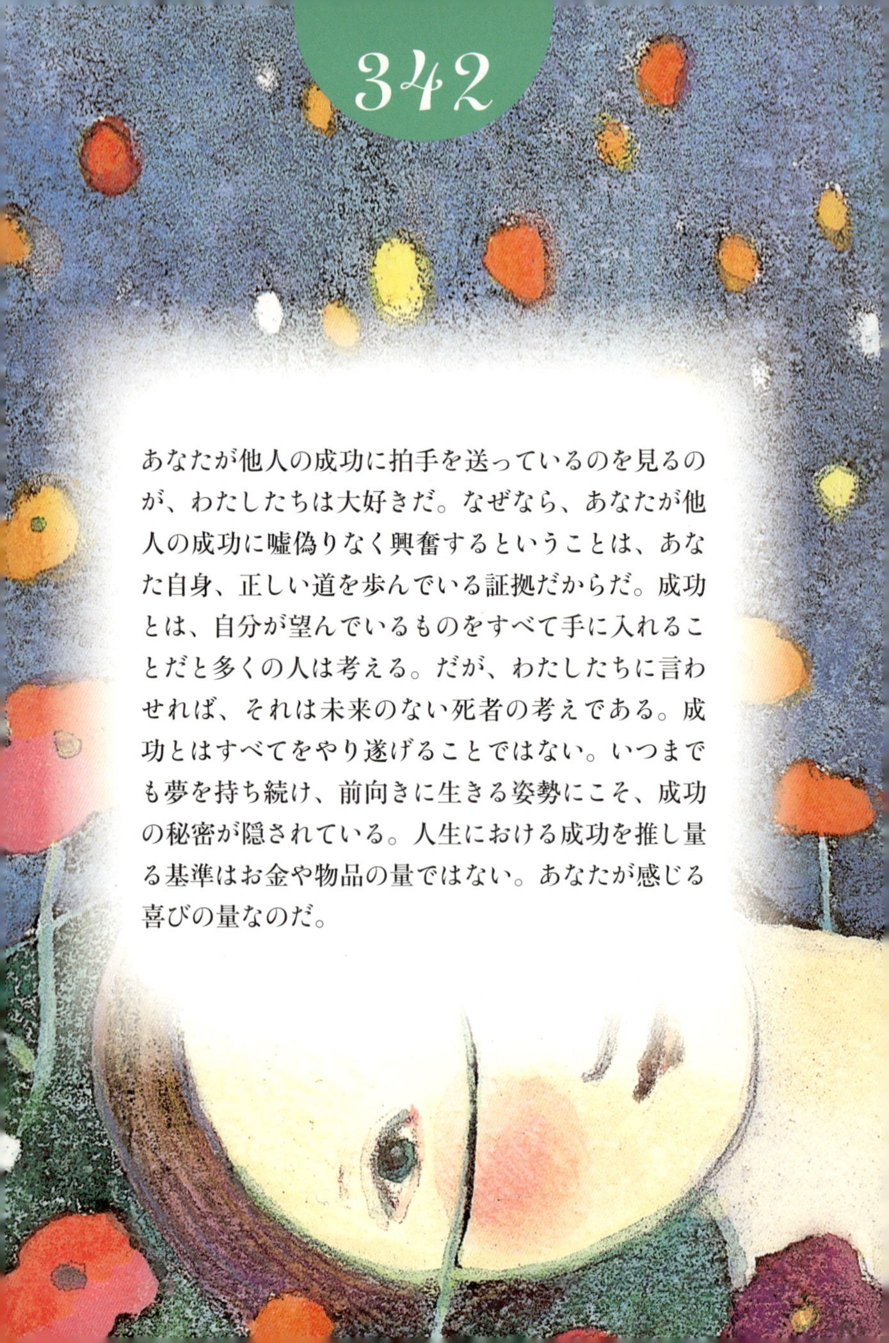

あなたが他人の成功に拍手を送っているのを見るのが、わたしたちは大好きだ。なぜなら、あなたが他人の成功に嘘偽りなく興奮するということは、あなた自身、正しい道を歩んでいる証拠だからだ。成功とは、自分が望んでいるものをすべて手に入れることだと多くの人は考える。だが、わたしたちに言わせれば、それは未来のない死者の考えである。成功とはすべてをやり遂げることではない。いつまでも夢を持ち続け、前向きに生きる姿勢にこそ、成功の秘密が隠されている。人生における成功を推し量る基準はお金や物品の量ではない。あなたが感じる喜びの量なのだ。

あなたが求めるすべての資源は、すぐ手に届くところにある。あなたはただそれを使って自分が何をしたいかを突き止め、望みがかなったときにどんな感じかを感じてみればいいのだ。あなたには、なれないもの、できないこと、持てないものなど何もない。あなたは祝福された存在なのだ。あなたは創造するためにこの物質的環境に誕生した。あなたを邪魔立てするものがあるとすれば、それはあなた自身の矛盾した思考だけである。あなたがそのような思考を持っている場合には、必ず感情がそれを教えてくれる。

344

人生は本来、楽しくて、気分がいいものであるはずだ！　あなたがたは力を持った創造者であり、すべてが予定どおり進んでいる。取り繕うのをやめ、もっと楽しもう。泣くのをやめ、もっと笑おう。暗い予測をしないで、もっと前向きな期待をしよう。気分がいいこと以上に大切なことはない。気分よくなるよう心がけ、何が起こるか見守ろう。

345

あなたは今、「頼りになるマネージャーが欲しい。自分のために働いてくれるマネージャーが欲しい」と心のなかで言っているかもしれない。それに対して、わたしたちはこう言う。「あなたは優秀なマネージャーを持っている。あなたのために休むことなく働く、『引き寄せの法則』とよばれる宇宙マネージャーを持っているのだ。自分の要求を宇宙マネージャーに送り届けたければ、ただ求めるだけでいいのだ」

346

目標を設定するのは宇宙マネージャーに全権を委任するようなものである。「許容・可能にする」波動を出すのは、一歩下がって立ち、マネージャーが物事を収めるべきところに収めるのを信じるようなものだ。そして、別の決断が必要になったときは、自分でそれに気づくことを信じるようなものだ。実際のところ、あなたは自分の人生を委任してはいない。創造しているのだ。あなたは創造しているときは、幻視者になりつつあるが、まだやりたいことがたくさんある。わたしたちはあなたを行動から遠ざけようとは思わない。行動は楽しいものだから。

宇宙のあらゆる物事のなかで、自分の波動に合った願望を持ち、ソースエネルギーとつながった状態で、自分のとるべき行動がひらめくときほど甘美なことはない。それは創造プロセスの「極み」である。心の内にひらめいた行動ほど心地よい行動はないのだ。

身体が健康なのは自然なことだ。したがって、あなたの目標は、できるだけ快適であること、そして深く呼吸をすることだ。リラックスして呼吸をすること以外、あなたのすることはない。そのうちに、身体に柔らかな優しい感覚を覚え始めるかもしれない。そしたら、笑って、それが、あなたの細胞の要求に応えているソースエネルギーであることを認めよう。あなたは今、癒しのプロセスを感じているのだ。手出しをしたり、それを強化しようとしたりしてはならない。ただリラックスして呼吸をし、起こることを許容・可能にするのだ。

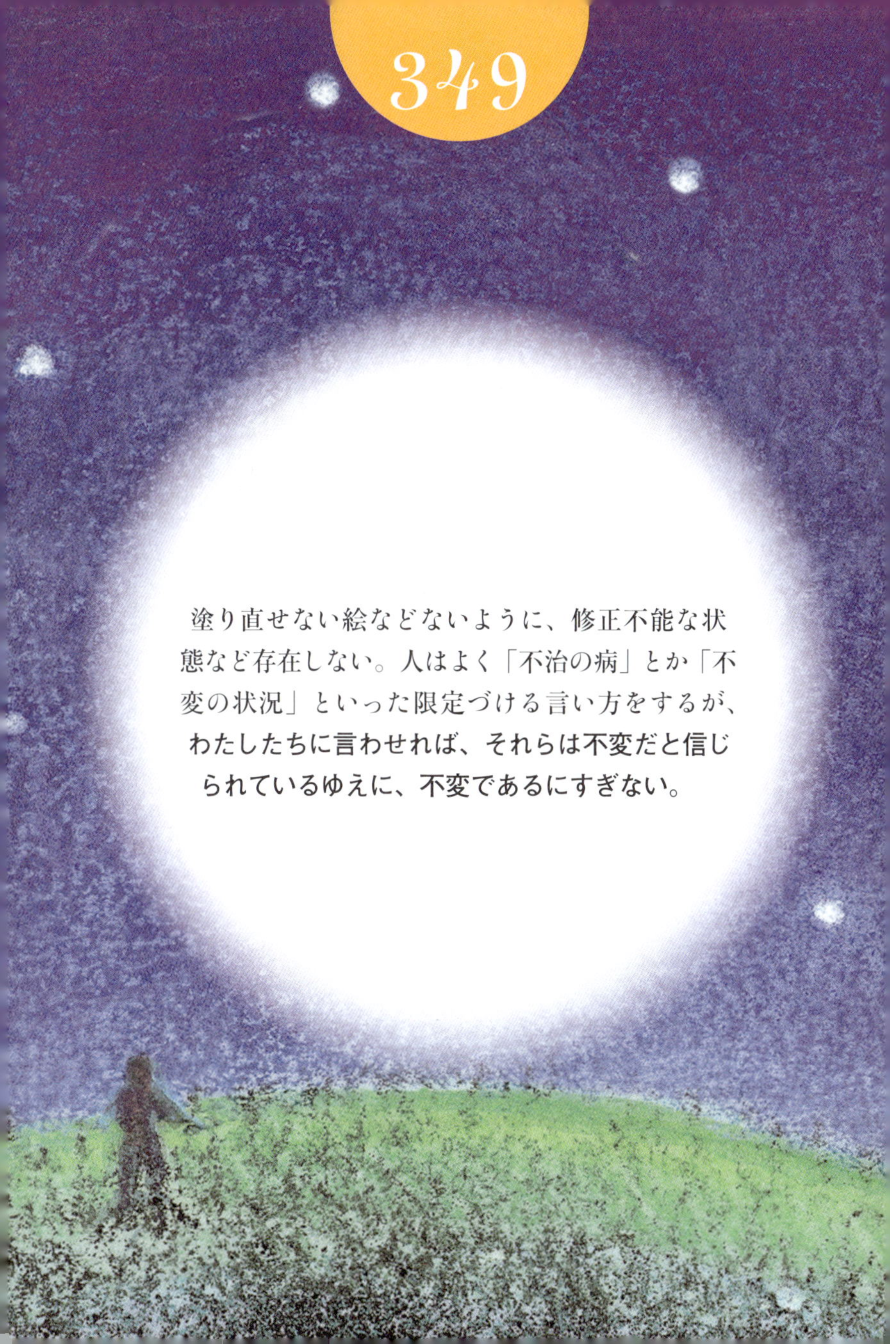

塗り直せない絵などないように、修正不能な状態など存在しない。人はよく「不治の病」とか「不変の状況」といった限定づける言い方をするが、わたしたちに言わせれば、それらは不変だと信じられているゆえに、不変であるにすぎない。

350

最近、ある男性がわたしたちにこう尋ねた。「身体の治癒能力には限界があるのでしょうか？」わたしたちはこう答えた。「いや、あなたがたが持っている信念以外にはない」すると彼は言った。「では、どうして人間は新しい手足を生やさないのですか？」わたしたちは言った。「誰もそれが可能だと思っていないからだよ」

351

たびたび投げかけられる疑問がある。「では、小さい子どもはどうなんですか？　不健康な赤ん坊はどうなんでしょう？」わたしたちはこう答える。「彼らは子宮のなかでも、健康を許容・可能にしない波動にさらされていたんだ。だが、いったん生まれてしまえば、どんな障害を持っていようと、また、身体が完全に形成されてしまったあとでも、健康な身体を取り戻すことは可能なのだ。ただ、そのためには、健康を許容・可能にする思考が持てるよう、励ましてやる必要がある」

あなたが今立っている場所を恐れてはならない。今、存在していることすべては、エネルギーが同調した結果の副産物にすぎないのだ。そして、エネルギーが同調すると、あなたは自分の願望について明晰になり、さらに重要なことには、願望を受け取るモードにあるかどうかに敏感になるのだ。

健康を許容するかしないかは、マインドセット、気分、態度、習慣化された思考などによって決まる。人間であれ、獣であれ、例外はない。というのも、身体は何度でも修復できるからだ。だが、身体は自然な心のリズムに戻っていく別な方法を見いだすだろう。**身体を扱うのは、実は心を扱うことなのだ。心と身体は緊密につながっているからだ。**

どんな病気も、もしそれから注意をそらすことができ、異なった波動が優勢になれば、数日以内に治すことができる。そう、どんな病気でもだ。癒えるまでの時間は混乱の程度による。身体のすべての疾患は長い時間をかけて生じるが、治るときはそれほど時間がかからないのだ。

355

健康になりたかったら、身体に対して肯定的な思いを抱かなければならないのだろうか？　その必要はない。ただし、身体に対し否定的な思いを抱かないようにしなければならない。身体について考えるのをやめ、楽しいことだけを考えていれば、身体は自然な健康状態を取り戻すだろう。

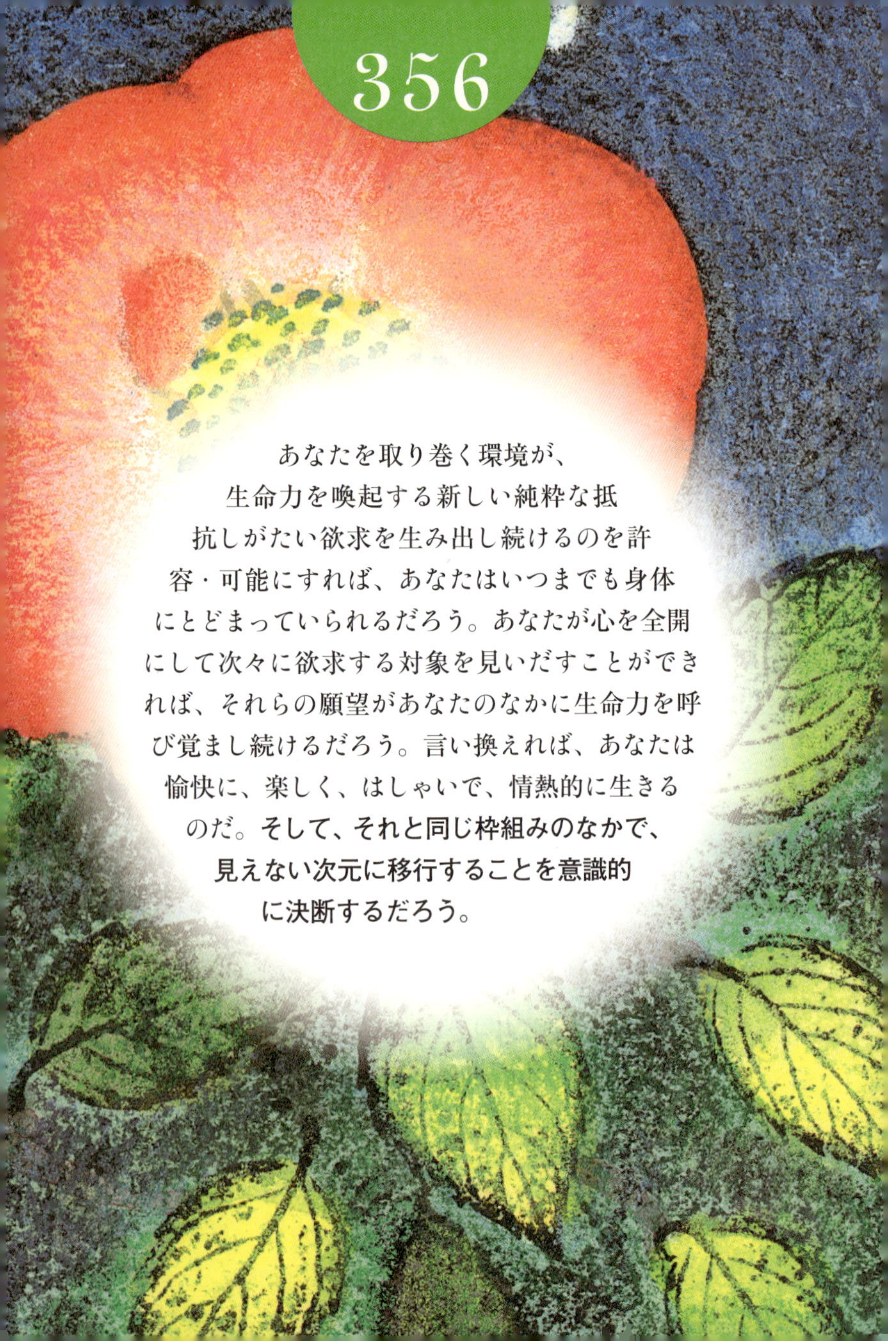

あなたを取り巻く環境が、生命力を喚起する新しい純粋な抵抗しがたい欲求を生み出し続けるのを許容・可能にすれば、あなたはいつまでも身体にとどまっていられるだろう。あなたが心を全開にして次々に欲求する対象を見いだすことができれば、それらの願望があなたのなかに生命力を呼び覚まし続けるだろう。言い換えれば、あなたは愉快に、楽しく、はしゃいで、情熱的に生きるのだ。そして、それと同じ枠組みのなかで、見えない次元に移行することを意識的に決断するだろう。

すべての死は存在の波動の極みによってもたらされる。そのことに例外はない。獣も人間も、自分のなかで波動が頂点に達することに合意することなく、見えない次元に移行することはない。したがって、すべての死は自らが課すものゆえに自殺といえる。

358

あなたは常に見えない次元から投影している永遠の存在である。ときに、その投影が身体を持った人格に入り込む。今生で、身体をもった人格が完成すると、あなたは焦点を引っ込める。

359

何かがいいと信じ、それを行えば、自分にとってプラスになる。何かが悪いと信じ、それを行えば、それは極めて有害な経験になる。どんな選択をしたとしても、晴々としたハッピーな気分でいなさい。葛藤すれば、混乱の波動を出すことになるのだから。

あなたの助けになる経験則がある。自分が何を望んでいるかを決め、そこに注意の焦点を当て、それを「感じる場所」を見つければ、速やかにあなたはそこに到達するというルールだ。どんなことでも、あなたが苦しんだり、葛藤したりする理由はない。

361

あなたやほかの誰かがこれまでに望んできたことで、それを達成すればもっと気分がよくなるという理由以外の理由で存在するものはない。いったん現在の感情の状態を意識的に突き止めれば、自分が選んでいる思考が、自分を望みの目的地に連れていってくれるものなのかどうかを理解するのが容易になる。気分がよくなることを目的にすれば、すぐに望みのものがついてくるだろう。

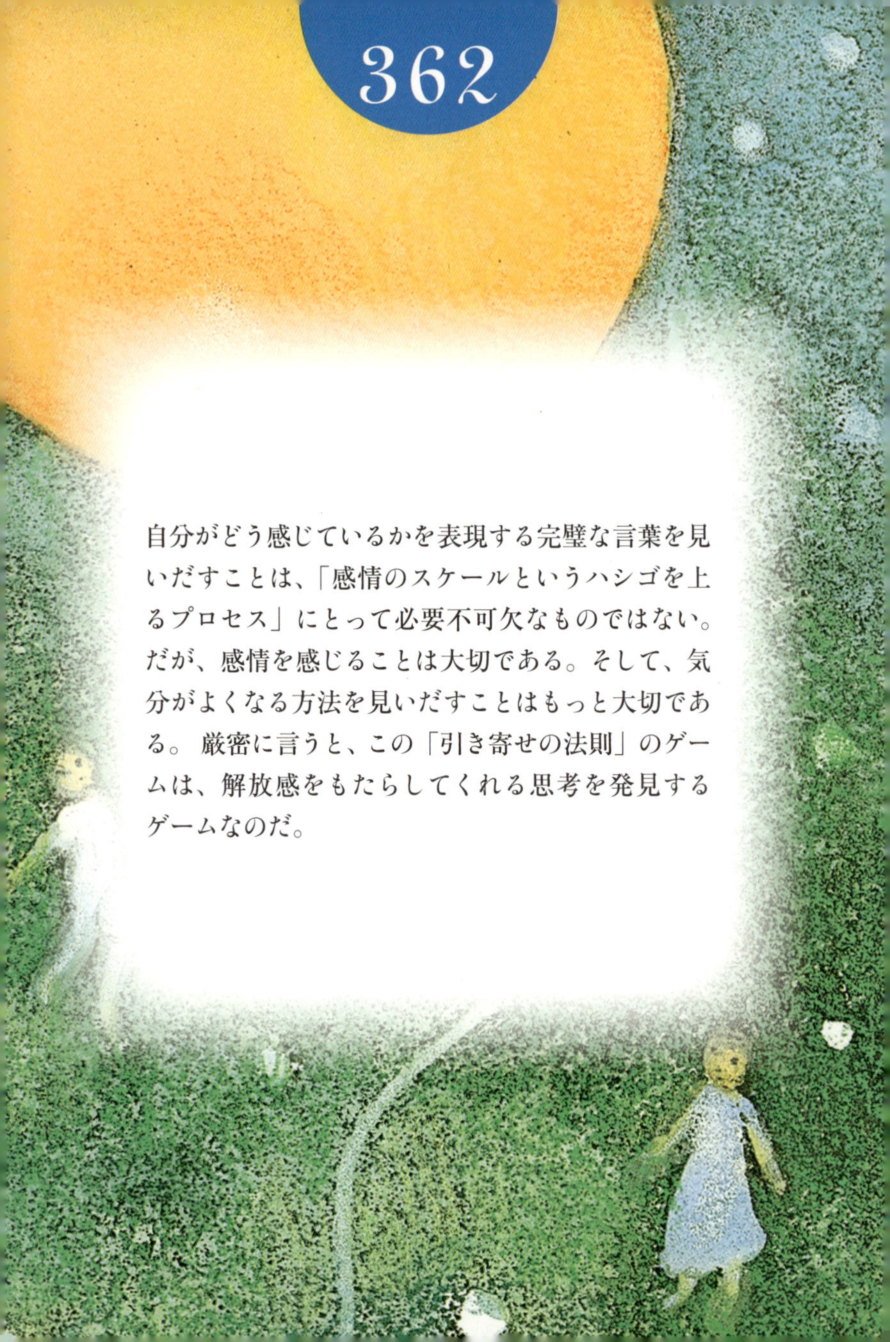

362

自分がどう感じているかを表現する完璧な言葉を見いだすことは、「感情のスケールというハシゴを上るプロセス」にとって必要不可欠なものではない。だが、感情を感じることは大切である。そして、気分がよくなる方法を見いだすことはもっと大切である。厳密に言うと、この「引き寄せの法則」のゲームは、解放感をもたらしてくれる思考を発見するゲームなのだ。

もちろん、いつでも意図的に気分がよくなればそれにこしたことはない。だが、自然に気分がよくなれたとしても、感情のスケールを上昇するたびに、もっと気分のいいところに上昇できる道が開ける。例えば、怒ることや非難することによって、あなたを窒息させる無力感や悲哀から解放される道が見つかれば、あなたはもっと素早く感情のスケールというハシゴを上っていけるようになるだろう。

364

目標がよりよい感情の地点にたどり着くことだということを理解した今、あなたが「感情のスケールというハシゴを上るプロセス」を通して、長年悩まされてきたネガティブな感情から解放されることを願っている。あなたが知らず知らずのうちに身につけてきた抵抗を優しくゆっくりと手放せば、これまで苦労してきたあらゆる人生の領域で、大幅な改善が見られるようになるだろう。

365

ここに書かれていることのすべてを気楽に受け止めてもらいたい。ご存じのように、人生は楽しいものであるはずなのだ。あなたがたが自分を正しく評価する状態を取り戻すことを強く願っている。自分の人生を、周囲の人たちを、そしてとりわけ自分自身を愛してもらいたい。

を「実現」しようとする場合も同じである。それがわたしたち現代人の習慣的な思考法になっているのだ。

ところが、そのように「欠落」から出発すると、「自己実現」はおろか、何事も成就されないとエイブラハムは言うのである。つまり、エイブラハムはわたしたちに、根本的な発想の転換を迫っているのだ。そのことを本書のなかで、エイブラハムは次のように語っている。

「あなたが今の自分や自分が持っているものに満足しながら、さらに多くを求める人間になるのが、わたしたちの望みだ。それが最高に見晴らしのきく地点である」(29)

「今の自分に満足しながら、より多くを求める」というのは一見簡単そうだが、実はかなり難しいことではないかと思う。現代人にとって、今の自分に「不満」であることが、何かを望む場合の動機づけになっているからだ。逆に言えば、「満足」したら、もう何も望まなくなるのではないかとわたしたちは考える。だが、エイブラハムは今の自分に満足しながら、もっと「望め」、望まなければ何も得られない、と言うのだ。

このような発想をするためには、「自己」が既に「実現」しているという地点から出発しなければならない。裏を返せば、「実現」すべき「自己」(欠如体としての自己)など存在しない、ということである。そのことをエイブラハムは「人間はソースエネルギーの延長だ」とか、

「永遠の魂である」という言い方で表現している。エイブラハムに言わせれば、わたしたちにとって必要なのは、本来の「自分」でいることを妨げるさまざまな「抵抗」を手放し、ソースエネルギーが自由に流れるのを許容・可能にすることなのだ。

わたしたち現代人にとって、「今の自分に満足する」のが難しいのは、無条件に自分を肯定することがなかなかできないからだ。わたしたちはどうしても何かを「する」ことによって、自分を評価したがる。小さいときから、「何をしたか」や「何ができるか」で周りから評価されるからだ。そのため、存在すること自体、価値があるという考えを抱けない。これはとても不幸なことである。というのも、「存在する」ことではなく、「する」ことに価値を置くと、永遠に「欠如感」をぬぐい去れなくなるからだ。

「健康」も「幸せ」も自然な状態であるとエイブラハムは言う。流れているのは「幸せの川」だけであり、それに乗るのも乗らないのも、わたしたちの自由である、と。つまり、わたしたちの「存在」は最初から祝福されているということだ。じゃあ、なぜいろいろなことを「望み」、それを実現しようとするのか？　それは「欠如感」を埋めるためでも、自分を評価してもらうためでもなく、ワクワクを体験するためだ。エイブラハムにとって、「人生は楽しいものであるはず」(365) なのだ。それを楽しくないものにしているのは、ほかならぬ自分自身である。

こうして、「自分の人生は宇宙の力を借りて自分自身で創造するものだ」というエイブラハムの根本命題に行き着く。

現代は基本的に自由な社会である。どんな職業につき、どんな生活を、どこで送るかは各人に任されている。ところが自分で選んだ職業についておきながら、いつのまにか犠牲者意識にかられ、不満ばかり言う人があとを断たない。自分で選んだ人と結婚して家庭を築きながら、いつのまにか家庭の犠牲者のように振る舞っている人も多い。つまり、自由に生きているつもりが、いつのまにか迷路に迷い込み、閉塞感を感じてしまっている人がたくさんいるのだ。「引き寄せの法則」を核とするエイブラハムの教えは、まさにそうした人たちの「もつれ」を解くための手引きになるものだといっていいかもしれない。特に、神や直観ではなく、自分の感情を、望みの地点に導いてくれるナビゲーションシステムと見なしているところが、エイブラハムの教えのユニークな点であり、わかりやすいところだと思う。

最後に、夢のなかをさまよっているような気分にさせてくれる本書を翻訳する機会を与えてくれたソフトバンク クリエイティブの錦織 新さんに、この場を借りて、感謝の意を申し述べたい。

菅　靖彦

エスター・ヒックス、ジェリー・ヒックス
見えない世界にいる教師たちの集合体であるエイブラハムとの対話で導かれた教えを、1986年から仲間内で公開。お金、健康、人間関係など、人生の問題解決にエイブラハムの教えが非常に役立つと気づき、1989年から全米50都市以上でワークショップを開催、人生をよりよくしたい人たちにエイブラハムの教えを広めている。エイブラハムに関する著書、カセットテープ、CD、ビデオ、DVDなどが700以上もあり、日本では『引き寄せの法則　エイブラハムとの対話』『実践 引き寄せの法則』『引き寄せの法則の本質』（当社）、『サラとソロモン』『「引き寄せの法則」のアメイジング・パワー』（ナチュラルスピリット）、『運命が好転する　実践スピリチュアル・トレーニング』（PHP研究所）が紹介されている。

ホームページ
http://www.abraham-hicks.com/

「引き寄せの法則」公式サイト
http://hikiyose.sbcr.jp/

菅 靖彦（すが・やすひこ）
1947年、岩手県に生まれる。日本トランスパーソナル学会副会長。癒し、自己成長、人間の可能性の探求をテーマに著作、翻訳、講座を手がけている。主な著書に『自由に、創造的に生きる』（風雲舎）、訳書に『この世で一番の奇跡』（オグ・マンディーノ、PHP研究所）『子どもの話にどんな返事をしてますか？』（ハイム・G・ギノット、草思社）『ザ・マスター・キー』（チャールズ・F・ハアネル、河出書房新社）などがある。

いつでも引《ひ》き寄《よ》せの法則《ほうそく》
願《ねが》いをかなえる365の方法《ほうほう》

2008年10月30日　初版第1刷発行
2010年12月24日　初版第3刷発行

著者　エスター・ヒックス＋ジェリー・ヒックス
訳者　菅《すが》 靖彦《やすひこ》
発行者　新田光敏
発行所　ソフトバンク クリエイティブ株式会社
〒107-0052　東京都港区赤坂4-13-13
☎ 03-5549-1201（営業部）
装幀　松田行正＋加藤愛子
DTP　クニメディア株式会社
印刷・製本　中央精版印刷株式会社

Printed in Japan
ISBN 978-4-7973-4991-7